음식이 있어 서울살이가 견딜 만했다
/ 서울을 먹다 02

지은이 정은숙

초판 1쇄 발행 2018년 2월 20일

펴낸곳 도서출판 따비
펴낸이 박성경
편집 신수진, 차소영
디자인 박대성
사진 황교익

출판등록 2009년 5월 4일 제2010-000256호
주소 서울시 마포구 월드컵로 28길 6(성산동, 3층)
전화 02-326-3897
팩스 02-337-3897
메일 tabibooks@hotmail.com
인쇄·제본 영신사

ISBN 978-89-98439-43-9 03900

값 15,800원

이 책은 2013년에 발행한 《서울을 먹다》에서
정은숙 저자의 글만 모아 재편집한 것입니다.

음식이 있어
서울살이가
견딜 만했다

정은숙

차례

음식에 담긴 서울의 삶과 기억

'서울의 고유한 음식은 무엇일까' 하는 호기심에 책을 펼쳐 든 독자들은 특별할 것 없는 설렁탕, 해장국, 감자탕 같은 음식에 실망할지도 모르겠다. 또 냉면이나 홍어처럼 누구나 떠올리는 지역이 따로 있는 음식까지 포함된 것을 보고 의아해할지도 모르겠다.

토박이란 '대대로 그 땅에서 나서 오랫동안 살아 내려오는 사람'을 말한다. 현재 서울에 살고 있는 사람들은 1000만 명이 넘는다. 그들 중 "서울 토박이입니까?"라고 물을 때 "그렇다"라고 대답할 사람은 과연 얼마나 될까. 2004년인가 서울 토박이에 대해 '3대에 걸쳐 서울 (사대문) 안에서 살았던 사람'이라는 조금 엄격한 잣대를 들이대니, 실제 서울 토박이는 서울 전체 인구의 7퍼센트도 되지 않았다는 기사를 본 적이 있다. 토박이의 잣대를 3대에서 2대로 하향조정한다고 해도 서울 토박이를 찾기란 그리 쉽지 않으리라.

일제강점과 광복, 한국전쟁에 이어 1960~70년대의 급속한 경제개발까지, 서울은 블랙홀처럼 사람들을 빨아들였다. 팔도 각지의 사람들이 서울로 비집고 들어와 서울 사람이 되었다. 그 블랙홀 속에 나의 가족도 있었다. 황해도 출신인 어머니는 1.4후퇴 때 새우잠을 자며 배를 타고 이남으로 피난을 내려온 실향민이다. 강원도에서 충청도 출신의 남자를 만나 결혼을 한 후 가족들과 상경, 서울 사대문 밖 변두리에 살기 시작한 게 1969년이다. 그때 나는 두 살배기였다. 나에게 고향은 서울이다. 여러분이 서울에 산다면 주변을 둘러보시라. 대부분 서울에 뿌리내린 지 1대, 2대 된 경우일 것이다. 서울은, 서울을 '제2의 고향'으로 삼은 이들에 의해 형성된 도시라 해도 과언이 아니다.

서울살이를 함께한 음식들

사람들과 함께 음식도 서울로 모여들었다. 윗녘에서 내려온 피난민과 함께 평안도·함경도음식이 따라 내려왔다. 아랫녘 농촌에서 올라온 사람들과 함께 전라도·경상도음식도 따라 올라왔다. 사람이 섞이듯 음식도 섞였다.

일제강점 이래 1980년대까지, 그러니까 서울 인구가 끝없이 늘어만 갈 때, 서울은 살아가는 데 그리 녹록한 곳이 아니었다. 서울 토박이에게든 유입된 서울 사람들에게든 서울의 생활은 가난하고 팍팍했다. "지금은 먹을 게 넘치지만 그땐 얼마나 귀했는데." "고기 좀 먹으려면 허리띠를 졸라매야 했어." "꿀꿀이죽 한 그릇도 고마웠지." "공부가 뭐야, 어린 나이에 식모살이를 갔지." 취재하면서 들은 '그때 그 시절'의 풍경은 '참 많이 가난했던' 서울을 새삼 느끼게 해 주었다. 우리 부모 세대, 조부모 세대의 일이니 그리 오래된 과거도 아니다.

넉넉하지 못했던 시절이었기에 음식이 주는 위로는 더 컸다. 지친 동료의 어깨를 툭 치며 함께 가 국물 하나 남김 없이 들이켜던 설렁탕, 고향 친구의 신세타령을 들으며 먹던 종로 뒷골목의 빈대떡과 막걸리, '술 권하는 사회'를 살아 내며 새벽의 쓰라린 속을 풀기 위해 찾던 청진동 해장국, 노동의 허기와 피로를 씻어 주던 영등포의 감자탕과 소주, 동생들의 학비를 대기 위해 하루 종일 미싱을 돌린 후 짬 내어 먹던 왕십리의 곱창, 갈 수 없는 고향의 어머니를 그리며 먹던 을지로의 평양냉면과 오장동의 함흥냉면……. 가난하고 힘겨웠던 그 시절에 서울살이를 위로해 준 음식들이다. 이 음식들은 분명 서울음식이다.

사라지고 있는 오래된 맛의 풍경

취재 후 집필을 하는 동안 영등포 감자탕 골목이 없어졌다. 이제 그곳을 찾아가도 듬뿍 담아낸 뼈다귀를 뜯을 수도 없고 눈매 고운 할머니의 옛이야기도 들을 수 없다. 이제 추억만으로 그 맛을 그려야 한다. 빈대떡집이며 대중식당이 올망졸망 모여 있던 피맛길도 사라져 가고 있다. 해장국도 빈대떡도 이제는 뒷골목이 아니라 빌딩에 들어가 먹어야 한다. 도심 속 오래된 맛의 풍경이 사라져 가는 것이, 점점 작아지는 아버지 어머니의 뒷모습을 보는 것처럼 안타깝다. 이제 '빨리빨리'를 외치지 않아도 되는데, 너무나 빨리 서울의 삶과 추억이 깃든 공간들이 사라지고 있다.

이 책은 맛집을 소개하는 책이 아니다. 하지만 이 책을 읽고 난 후 어떤 독자는 그때 그 시절을 되새기며, 또 어떤 독자는 서울의 옛날과 어머니 아버지의 옛날을 상상하며 그 식당들을 찾아 음식을 먹어 보았으면 한다. 음식은 입과 혀로만이 아니라 마음으로도 맛볼 수 있다. 부디, 서울의 삶을 담고 있는 식당들이, 골목들이, 돈벌이에 걸리적거린다는 이유로 사라지지 않았으면 좋겠다. 훗날에, 이 책이 예전 서울의 맛을 찾아보는 사료로만 남는 일이 없었으면 한다.

취재 당시는 2011년이라 지금의 상황과는 다른 점도 많지만, 그때의 분위기를 남기고 싶어 굳이 고치지 않았다. 괄호 안에 넣은 여러 분들의 나이만 2018년 기준으로 고쳤다.

함께 취재를 할 때, 구순을 넘긴 나이에 떡볶이를 팔고 있는 할머니의 기구한 인생 이야기를 듣던 중 복받쳐 오르는 감정을 주체하지 못하고 자리를 뜰 정도로 여린 황교익 선생님, 음식에 관한 해박한 지식과 입담으로 취재에 활력을 넣어 주던 박성경 대표, 제때에 원고를 넘기지 못해 마음고생시킨 신수진 편집장에게 감사드린다. 또 이 책이 출간될 때까지 일본에서 많은 응원을 보내 준 출판 기획사 키워드와 독자들에게도 고마움을 전한다.

그리고 무엇보다, 서울음식을 만들고 먹으며 그 안에 담긴 삶을 나누어 주셨던 모든 분께 다시 한 번 감사 인사를 드리고 싶다.

I

서울 설렁탕

냉면, 중화요리와 함께 설렁탕도 배달음식 중의 하나로
1920~30년대 근대잡지에 자주 등장한다.
모락모락 김을 내는 배달부의 설렁탕은
종로통에 사는 양반들 집으로 가는 것인지도 모른다.
설렁탕을 받아 들고 허연 국물을 휘휘 저어
한 방울 남김없이 해치우는 그들의 모습이 그려진다.
어찌 배달뿐이었겠는가.
초롱을 든 상노를 앞세워 설렁탕집으로 들어가는 이가 있는가 하면,
알아 주지도 않는 양반 체면이 뭐 대수인고 하며
혼자서 설렁탕집을 찾는 이도 있었다.
그렇게 서민들의 설렁탕이 위로 퍼져 나간다.

오, 소대가리 서울이여!

설렁설렁 먹기 좋아 설렁탕이라는데, 이게 그럴싸하다. 설렁탕은 밥을 말아 먹는 국밥의 일종이다. 큰 솥에 잔뜩 고아 놓고 밥에 부어 후루룩 먹으면 그만이다.

이 설렁탕이 오랫동안 서울 사는 서민들이 가장 즐기는 바깥음식이었으며 타지 사람들이 한 번쯤 먹고 싶어 했던 서울의 명물이었다는 사실을, 서울 사람들은 잘 모른다. 1926년《동아일보》기사 '보는 대로 생각나는 대로 — 설렁탕과 뚝배기'를 보면 "탕반 하면 대구大邱가 따라붙는 것처럼 설렁탕 하면 서울이 따라붙는다. 이만큼 설렁탕은 서울의 명물이다. 그래서 서울 큰 골목 쳐 놓고 설렁탕 팔지 않는 곳이 없다"라는 구절이 나온다. 서울이 경성이라고 불리던 시절, 설렁탕은 그리 특별할 것 없이 가장 흔한 서울의 대중음식이었으며 또한 서울을 대표하는 음식의 하나였다.

근대잡지인 《별건곤》(1932년 4월)에 실린 기사 '소대가리 경성, 시골 학생이 처음 본 서울 재경초 일기'는 당시 설렁탕집의 모습을 냉소적으로 그리고 있어 흥미롭다.

서울 명물 설넝탕이 어떠한 것인가 하고 들여다보니 콩멍석만 한 김 서리는 가마 속에 소대가리가 푹 솟아 있다. 그 옆에는 죽어서도 악착한 희생을 당하였다는 듯이 소 해골바가지 서너 개가 가지런히 놓여 있다. 그리고 또 한편에는 신사 양반들이 모지라진 숟가락으로 뚝배기 바닥을 달그락달그락 긁으면서 국물을 훌훌 마시며 하는 말씀, "어- 이제 속이 풀리는군!" 소대가리 삶은 물 먹어 저렇게도 좋을까. 서울의 모든 것이 다 좋으나 설넝탕만은 악인상을 준다. 무심결에 외쳐지는 소리. 오- 소대가리 서울이여!

"소 해골바가지 서너 개가 가지런히 놓여 있다"라는 것을 빼놓고는 지금의 설렁탕집과 그리 다르지 않은 풍경이다. 모던한 대도시 경성을 꿈꾸었을 인텔리 시골 총각의 눈에는 쇠대가리 삶은 허연 국물로만 보이는 설렁탕과 너저분한 설렁탕집 풍경이 그리 탐탁지 않았던 것 같다. 그의 냉소적인 독설이 돋보이나, 아직 서울의 맛을 모르는 애송이가 아니던가. 언제부터인가 서울 뒷골목 설렁탕집에서 "모지라진 숟가락으로" 뚝배기 바닥을 긁고 있는 자신을 발견하고는 옛 생각에 겸연쩍이 웃지는 않았을까.

한편 이보다 몇 년 전(1929년 9월)에 나온 같은 잡지의 기사 '경성 명물집'에서는 설렁탕을 "값이 싸며 맛으로도 영양으로도 상당히 가치가 있다"고 평한다. 설렁설렁 먹는다고 무시할 것이 아니다. 한 끼라도 먹으면 기특하게 힘이 나는 음식이라는 것이다. 설렁탕을 대하는 서울 사람들의 정서는 80년 전이나 지금이나 그리 다르지 않다.

그래서였을까. 현진건의 소설 《운수 좋은 날》(1924)에서 병든 아내가 인력거꾼인 남편 김첨지에게 먹고 싶다며 사 달라고 하였던 것도 설렁탕이었다. 값싼 설렁탕 한 그릇 제대로 먹을 수 없는 궁핍한 삶을 살고 있는 경성의 가난뱅이 김첨지. 돈벌이가 좋았던 어느 운수 좋은 날, 술 한잔 걸친 김첨지는 요즘 들어 더 쿨룩거리던 아내에 대한 불안한 마음을 감추며 설렁탕을 사 가지고 집으로 들어간다. 그러나 방 안에는 미친 듯이 죽은 아내의 얼굴을 비비며 중얼대는 김첨지의 말이 공허하게 퍼질 뿐이었다. "왜 먹지를 못하니, 왜 먹지를 못하니…… 괴상하게도 오늘은 운수가 좋더니만……."

오, 소대가리의 서울이여! 운수 없던 그날의 설렁탕이여!

잠배설렁탕의 전설을 찾아

전일에는 南門(남문) 밖 紫巖(잠배)설렁탕을 제일로 쳐서 동지섣
달 추운 밤에도 10여 리 밖에 있는 사람들이 마치 여름날에 貞陵(정
릉) 물마지나 악바위골 藥水(약수) 먹으러 갔듯이 爭頭(쟁두)를 하고
갔었지만은 지금은 시내 각처에 설렁탕집이 생긴 까닭에 그것도 時
勢(시세)를 잃었다. 시내 설렁탕집도 數(수)로 치면 꽤 만치만은 그중
에는 鍾路里門(종로이문) 안 설렁탕이라든지 長橋(장교)설렁탕, 샌전
一三屋(일삼옥)설렁탕이 전날 잠배설렁탕의 勢道(세도)를 繼承(계승)
한 듯하다.

—《별건곤》(1929. 9), '경성 명물집' 중에서

위의 글은 우리 아버지의 아버지 그리고 그 아버지가 서울 사대
문을 들락날락하면서 허기진 배를 채웠을지도 모를 그때 그 시절,
사대문 안팎으로 잘나가는 설렁탕집을 소개하고 있다. 여름날 물
맞이를 하려고 서울 여인네들이 정릉계곡에 앞다투어 모여들었듯
이, 설렁탕 한 그릇 먹으려는 사람들이 앞다투어 모여들었다는 '잠
배설렁탕'의 존재가 사뭇 궁금하다. 잠배紫巖란 보랏빛의 바위가 있
어 붙여진 이름으로, 남문 밖이라고 했으니 남대문 바깥쪽 언저리
인 서울역 근처에 있었을 것이다.

글 속의 잠배설렁탕과 이름이 흡사한 '잼배옥'이라는 설렁탕집이 서소문동 시청역 9번 출구 가까이에 있다. 1933년 서울역 뒤편인 잠배골에서 설렁탕집을 처음 시작해 한국전쟁을 거치면서 몇 번 이사를 다니다가 1974년부터는 이곳에서 계속 설렁탕을 끓여 오고 있다. 위 잡지에 등장하는 잠배설렁탕과 어떤 관계인지 묻는 사람들이 나 말고도 많았나 보다. 3대째 사장인 김경배 씨(52)의 아내 윤경숙 씨(46)에게 "같은 설렁탕집이냐"고 묻자 "맞다"라는 대답이 바로 나온다. 그러나 잡지는 1929년에 발간되었고 잼배옥은 1933년에 문을 열었다. 아귀가 맞지 않는다.

알고 보니 그녀의 대답은 작고한 저널리스트 홍승면의 음식에세이 《백미백상 2(꿈을 끼운 샌드위치)》에 실린 "6.25 때까지만 해도 남대문 밖에서는 서울역 앞 동자동의 '잠배옥'이 손꼽혔다"라는 문구를 두고 얘기한 것이었다. 노포의 경우 기록이 남아 있지 않아 정확한 개업 연도를 모르는 경우가 많다. 기록되지 않은 역사가 있을 수 있다.

점심시간, 오피스가의 뒷골목에 위치한 까닭에 넥타이 부대들이 잼배옥에 삼삼오오 모여든다. 예전처럼 값이 싸지는 않지만 '진국'을 들이켜는 데 그들은 점심 값으로 8,000원을 기꺼이 치른다. 배추김치, 깍두기, 볶은 김치, 세 종류의 김치가 담긴 스테인리스 통이 식탁 위에 놓이고 잠시 후 검은 뚝배기에 담긴 누릿한 설렁탕을 종업원이 무심히도 놓고 간다. 종종 다진 파를 넣으니 그제서야 색감이 입맛을 돋운다. 첫입에 특유의 향이 느껴졌지만 먹을수록 감칠맛이 나는 게 뒷맛이 달다. 남대문을 둘러싸고 전차와 사람들의 왕래가 많았던 1920년대 그 시절 잠배설렁탕의 맛 또한 이러하였을까. 억지스럽게도 나는 자꾸 이곳에서 그 맛을 느끼려 한다.

가게 한 면에 1974년 재개업 당시의 흑백사진이 붙어 있다. 그 사진 속에서 '연회방 완비'라는 문구를 볼 수 있는데, 이는 가게 주변에 기업, 공공기관, 언론사 등이 많았던 까닭일 것이다. 수육을 내던 설렁탕집은 1970~80년대 직장인들의 회식 장소로 자주 이용되었다. 이곳에는 1920년대의 전설의 맛보다는 '경제발전'을 외치던 1970년대를 거쳐 지금에 이르기까지 도심 속 직장인들의 기를 보충해 준 뜨끈한 국물의 맛이 있다는 것이 더 맞다.

한 세기를 이어 온 맛, 이문설렁탕

선술집이든 국밥집이든, 옛날에는 그렇다 할 이름이 없었다. 그저 지명이나 주인네의 생김새, 출신지를 따 식당 이름을 붙이는 경우가 많았다. 앞의 《별건곤》 기사를 보면 '잠배설렁탕'을 제치고 새롭게 부상하는 신생 설렁탕집으로 '종로이문 안 설넝탕'을 들고 있다. '이문里門'이란 세조의 명으로 마을 입구마다 위치한 방범초소

견지동으로 이전하기 전의 이문설렁탕.
100년쯤 된 2층 목조건물은 재개발로 인해 헐렸다.

로, 그 부근까지 아우르는 지명이다.

운종가로부터 대사동(인사동)을 지키기 위해 세워진 종로이문은 인사동 222번지로 옛 화신백화점 뒤쪽에 있었다. 예부터 이곳에는 이문이라는 상호를 붙인 음식점이 많았다. 서울 사대문 토박이라면 이 정도 이야기에 떠오르는 음식점이 하나 있을 것이다.

구한말 문을 연 이문옥은 지금은 자취도 없고 그 골목 안으로 더 들어간 과녁빼기에 이문식당이라는 설렁탕집이 일제시대에 문을 열었다. 이 이문식당은 이문설렁탕이라고 이름을 바꾸며 지금까지 영업을 계속하고 있다.

—《동아일보》(1993. 7. 29) 기사 '서울 재발견 장국밥집 140년 전에 첫선' 중에서

100년이 넘는 세월을 담아 한국 최고最古의 식당으로 알려진 '이문설렁탕'이다. 잡지 속 '종로이문 안 설넝탕'은 혹 이곳인가? 1904년에 문을 연 것으로 알려진 이문설렁탕은 옛 화신백화점(현 종로타워) 뒤쪽 이문里門 안에 자리를 잡고 있었다. 도심 뒷골목에서 좀처럼 볼 수 없는 흙벽 목조건물 설렁탕집이었다. 거대한 종로타워가 생기면서 그 모습이 생뚱맞아지긴 했지만, 옛 주막 같은 정취가 남아 있어 좋았다. 그러나 종로 뒷골목을 뒤집어엎는 개발로 인해 가게는 견지동으로 옮겨 가고 목조건물만이 덩그러니 남겨져 있다가

헐리고 말았다. 먹는 맛에 또 다른 맛을 보태던 세월의 멋을 다시 느낄 수 없어 아쉬울 뿐이다.

100여 년 동안 이곳의 문지방을 드나든 사람들의 얘기를 하자면 끝이 있겠는가! 중절모에 양복을 빼입은 건장한 신사가 몇 명의 사내들을 이끌고 전차가 방금 지나간 종로대로를 건너 화신백화점 뒷골목으로 향한다. 그들이 들어가 자리 잡은 곳은 바로 이문설렁탕. 그가 들어서자 사람들이 "김두한이구먼" 하며 웅성거리기 시작한다. 종로의 주먹세계를 평정한 '장군의 아들' 김두한. 그는 청년 시절 잠깐 일한 연이 있는 이곳에 종종 식솔들을 데리고 와 설렁탕을 즐겼다고 한다. 어디 김두한뿐이겠는가. 베를린올림픽 마라톤 금메달리스트 손기정, 독립운동가이자 초대 부통령 이시영, 국문학자 이희승, 남로당 당수 박헌영 등 현대사의 내로라 할 인물들이 종로 거리를 바쁘게 왕래하면서 이곳을 찾았다.

긴 세월 시간 동안 켜켜이 쌓인 손님들의 흔적 또한 이문설렁탕의 맛의 깊이를 더하는 또 다른 맛이다. 인이 박여, 그리고 그동안의 정에 이끌려 그냥 발길이 이쪽으로 향한다는 백발의 노신사 두 명이 뚝배기를 들더니 남은 국물을 죽 들이켠다. 혼자 와서 설렁탕 한 그릇 후다닥 비우고 나가는 손님의 모습도 자주 보인다. 장터 목로에 앉아 먹던 장국밥처럼 설렁탕 역시 혼자 먹어도 그리 외롭지 않다.

3대째 사장인 전성근 씨(72)에 의하면, 이곳을 찾는 손님들의 절

반은 젊을 때부터 다니면서 황혼을 맞은 단골들이다. 아버지의 손에 이끌려 왔던 철부지 아들은 이제 할아버지가 되어 어린 손자를 이끌고 온다. 서울 어느 동네나 설렁탕집 하나쯤은 있겠지만 굳이 이곳을 찾는 데는 그러한 연유가 있다. 오랜 세월 문턱을 드나들던 사람들에게 이곳의 설렁탕은 차곡차곡 쌓아 온 지난 추억이 함께하는 음식이기 때문이다.

사람들의 손에 닳고 닳은 식탁 위에 김 오르는 뚝배기가 놓인다. 혀, 도가니, 머릿고기, 양지머리, 지라 등 소의 온갖 부위를 푹 고아 기름을 말끔히 걷어 낸 설렁탕의 빛깔이 너무 뽀얗지 않은 것이 정직하다. 부위마다 삶아 내는 시간이 다르다는데, 말도가니는 4시간, 혀와 머릿고기, 지라는 2시간, 양지머리는 1시간 30분 정도 삶아 낸다고 한다. '특'을 시킨 까닭일까, 국수 위에 올려진 까닭일까? 얹어 나온 고깃덩어리가 풍성해 보인다. 함께 온 일본 통신사의 특파원이 내게 묻는다. "국밥은 밥을 마는 것이 맛있어요, 따로 먹는 것이 맛있어요?" 이문설렁탕은 예나 지금이나 밥을 말아 내준다. 나는 답한다. "설렁탕은 밥에 국물 맛이, 국물에 밥맛이 배야 맛있어. 밥을 말아 시큼한 깍두기랑 먹는 게 최고라고!"

설렁탕과 깍두기는 바늘과 실이다. 시원하면서 신맛이 도는 깍두기는 설렁탕의 느끼한 맛을 상쇄해 준다. 설렁탕이 서울의 명물인 것처럼 깍두기도 서울의 명물이었다. 부산의 유명한 설렁탕집 이름이 '서울깍뚜기'인 것도 이런 까닭이다. 이문설렁탕에는 깍두기만 담당하는 조리사가 따로 있다.

홍승면의 《백미백상 2(꿈을 끼운 샌드위치)》를 보면 "나는 살코기만이 들어간 얼치기 설렁탕은 질색이다. 설렁탕의 생명은 국이지만, 건더기는 연골이나 섯밑(소의 혀 밑에 붙은 살코기, 혀밑이라고도 한다)이나 또는 만하, 콩팥 따위의 내장이 들어가야 제격이다"라는 대목이 나온다. 요즘 설렁탕은 그가 말한 얼치기 설렁탕이 많다. 그러나 이곳은 살코기 외에 만하, 머릿고기, 혀 등이 제대로 들어가 있다. 사실 나는 만하(지라)의 맛을 잘 모른다. 그러나 이곳에 오는 오래된 단골들은 살코기보다 그 맛을 쳐 준다.

아래에서 위로 퍼져 나가다!

"허허~ 어찌 상놈들이 먹는 그 막돼먹은 것을 먹을꼬."

체면이 먼저인 서울 양반네들은 검붉고 거칠고 험상궂게 보이는 뚝배기에 쇠대가리, 뼈 그리고 그 외의 잡다한 부산물을 끓여 낸 국물도 모자라 밥까지 말아 먹는 설렁탕을 꺼렸다. 소 잡는 백정들이 만든 음식이라 생각했고 상놈들이 먹는 음식이라 천하게 여겼다. 세상이 개벽하여 먹는 것도 입는 것도 반상의 차별이 없어졌다고는 하나, 설렁탕을 서울 명물이라 하는 것을 보며 못마땅해하는 양반네들도 있었을 법하다.

설넝탕을 일반 하층계급에서 만히 먹는 것은 사실이나 제아모리 점잔을 빼는 친고라도 죠선 사람으로서는 서울에 사는 이상 설넝탕의 설넝설넝한 맛을 괄세하지 못한다. 갑시 헐코 배가 불으고 보가 되고 술속이 풀니고 사 먹기가 簡便(간편)하고 貴賤(귀천) 누구할 것 업시 두로 입에 맛고 …… 이 외에 더 업허 먹을 것이 또 어데 잇으랴.

《별건곤》(1929년 9월)에 실린 기사의 일부이다. 이 기사의 제목이 '괄세 못할 京城(경성) 설넝탕'이다. 그렇다. 양반 체면에 괄세는 했으나 뜨거운 김이 나는 설렁탕을 게걸스럽게 먹는 사람들의 모습이 자꾸 눈에 맴돈다. 그리하여 아랫것을 시켜 몰래 설렁탕을 사다 먹거나 배달시켜 먹었다.

냉면, 중화요리와 함께 설렁탕도 배달음식 중의 하나로 1920~30년대 근대잡지에 자주 등장한다. 모락모락 김을 내는 배달부의 설렁탕은 종로통에 사는 양반들 집으로 가는 것인지도 모른다. 설렁탕을 받아 들고 허연 국물을 휘휘 저어 한 방울 남김없이 해치우는 그들의 모습이 그려진다. 어찌 배달뿐이었겠는가. 초롱을 든 상노를 앞세워 설렁탕집으로 들어가는 이가 있는가 하면, 알아

주지도 않는 양반 체면이 뭐 대수인고 하며 혼자서 설렁탕집을 찾는 이도 있었다. 그렇게 서민들의 설렁탕이 위로 퍼져 나간다.

> 철저하게 지저분한 시멘트 바닥, 행주질이라고는 천신도 못 해 본 상 바닥, 질질 넘치는 타구 등등 족히 대규모의 쓰레기통으로 손색이 없다. 그러나 그렇거나 말거나, 손님은 상하 없이 구름처럼 모여들고 심지어 하룻밤 20원의 실료를 무는 호텔 손님까지도 새벽같이 자동차를 몰고 찾아오니 이대도록 백성들의 사랑을 받는다면야 설렁탕이 잘못하다가는 국보로 지정이 될 위험이 다분히 없지 못하다.
> — 채만식,《금의 정열》(1939) 중에서

소설은 상하上下 상관 않는, 또한 설렁탕집의 형편없는 위생관념도 상관 않는 설렁탕의 인기를 보여 준다. 금광으로 돈을 번 주인공 상문은 술로 밤새도록 시달린 속을 풀어 주기 위해 자동차를 타고 이문 안의 설렁탕집을 찾아간다. 그곳에서 호기롭게 10전어치 우랑(쇠불알)과 혀밑을 곁들인 30전짜리 설렁탕을 시켜 거친 고춧가루를 한 숟갈 듬뿍, 파양념을 두 숟갈, 소금은 반 숟갈, 후추까지 골고루 쳐 가지고 휘휘 저어 우선 걸쭉한 국물을 후루룩 마신다. 설렁탕이 국보로 지정될 위험까지 느낄 정도라니, 당시 설렁탕의 인기가 감이 잡힌다.

하동관에서 내는 서울 반가의 곰탕

1939년에 문을 연 '하동관'은 서울 북촌 반가댁 아씨였던 류창희 할머니의 손끝에서 나온 곰탕 하나로 70년 넘게 인기를 얻고 있는 서울의 노포이다. 이 집을 소개하는 글 속에 빠지지 않는 것이 서울 반가의 전통을 그대로 이어 왔다는 것이다.

2006년 재개발로 인해 중구 수하동 골목길의 한옥에서 명동 입구 외환은행 뒤편으로 터를 옮겨야 했던 하동관. 60여 년간 한결같이 곰탕을 끓이던 수하동을 떠나기가 쉽지 않았을 것이다. 집을 통째로 옮겨 오고 싶었지만 그리 할 수 없었다. 그 서운함을 달래며 손때 묻은 대문, 탁자, 의자 그리고 간판까지 그대로 가져왔다. 한옥 대문을 열고 들어갔을 때의 정겨움을 다시 느낄 수 없다는 것은 단골들에게 큰 아쉬움이지만 이 정도로 위로받을 수밖에 없다.

봄비가 도시의 아스팔트를 촉촉이 적시고 있는 날 하동관을 찾았다. 늘 손님들로 북적이는 곳이기는 하지만 이른 시간인데도 손님들로 가득하다. 필시 비가 와서 그럴 것이다. 몸이 차지면 뜨끈한 국물이 당기는 법이니까.

세월의 흔적이 고스란히 남은 식탁 위에 놓인 곰탕 한 그릇. 질박한 오지그릇이 아닌 길이 잘 든 황금빛 놋그릇에 담겨 있다. 고깃기름이 내려앉은 놋그릇 속의 국물을 가만히 들여다본다. 설렁탕을

60여 년 수하동에 버티었던 하동관이 2006년 명동으로 자리를 옮겼다.
재개발 때문이다. 대문과 간판, 식탁, 의자 등을 그대로 가져와 그런대로 옛 정취가 난다.

하동관의 고기 써는 칼이다. 가정집에서는 대물림한 칼처럼 보일 정도지만
하동관의 이 칼은 그리 오래된 것이 아니다.
손님이 워낙 많아 이렇게 칼이 닳아 없어지는 것은 순식간이다.

막걸리라 하면 이곳의 곰탕은 청주와 같다. 속이 들여다보이는 것이 설렁탕과 다르다. 하얀 쌀밥 위에 넓게 저민 양지수육과 군용타월을 닮은 양포가 몇 점 얹어져 있다. 하동관은 이것이 반가의 곰탕이라고 강조한다. 반가음식으로 손색이 없을 정갈함과 기품이긴 하다. 그 맛은 어떠할까? 맛이 가벼운 듯 깊고 은은한 단맛이 혀를 감돈다. 씹히는 밥알의 느낌도 고실고실하니 좋다. 고기며 내장은 잡내가 없으며 곱게 씹힌다.

"여기, 깍국 좀 주세요"라고 중년의 아저씨가 외친다. 양은 주전자를 든 아주머니가 다가가더니 손님의 곰탕에 주전자의 물을 따른다. 시큼한 뻘건 국물이 쏟아진다. 깍두깃국물이다. 이곳의 깍두기는 새우젓만 넣고 깔끔하게 담그는 서울깍두기의 맛을 제대로 내고 있다는 평을 받는다. 김칫국물을 타서 먹는 것은 탕집에서 낯익은 풍경이다. 뻘건 국물이 진하게 퍼져 나가는 모양이 양반네의 품위와는 맞지 않은 듯하나, 양반의 탕이든 서민의 탕이든 그렇게 먹는다.

든든하면서도 깔끔하게 속을 채워 주는 고깃국물의 맛은 입으로 입으로 퍼져 나가, 서울 장안에서 행세깨나 하는 정재계 인사들과 언론인들, 법조인들까지 모두 이곳을 왕래했다. "화신백화점 주인인 박흥식 님을 비롯해 삼성그룹의 초대회장인 이병철 님도 저희 단골손님이었죠. 그리고 박정희 대통령은 제주도까지 공수해

드실 정도로 저희 곰탕을 좋아하셨어요. 단골손님 얘기하려면 끝이 없죠." 이곳의 주인장인 김희영 씨(81)를 돕고 있는 동생 김희옥 씨(66)가 잠깐 자리를 비운 언니를 대신해 기라성 같은 단골손님들의 이름을 댄다. 류창희 할머니에서 시작된 하동관의 곰탕은 1964년 홍창록 할머니의 손으로 이어졌고, 1968년 홍창록 할머니의 며느리인 김희영 씨 손으로 이어졌다. "대를 이어 단골이 되는 분도 많죠. 아버지가 생전에 좋아하신 곰탕이라며 제사상에 올린다고 사 가지고 가시는 분도 계셔요." 이곳의 곰탕은 이승의 아들이 저승의 아버지를 그리며 추억하는 음식이 되기도 한다.

"열다섯 공, 냉수 한 잔." 이곳 단골임을 입증하는 것은 암호 같은 주문이다. 30년 넘게 이곳의 단골이라는 목청 높은 중년 신사의 주문처럼. 깍국과는 달리 짐작조차 할 수 없는 이 주문은 무얼 뜻할까? 열다섯 공이란 수육을 많이 넣은 1만 5000원짜리 곰탕이라는 뜻이고, 냉수 한 잔은 소주 한 컵을 의미한다. 곰탕에 추가로 들어간 수육을 안주 삼아 '냉수 한 잔'으로 반주를 한다. "냉수 한 잔 마시고 속 좀 차려야겠다"라는 농을 하며 '냉수 한 잔'을 시킨다.

밖에는 부슬부슬 비가 내리고, 따끈한 곰탕 한 그릇에 소주 한 잔. 허기진 몸과 마음이 따뜻해진다.

하동관의 곰탕이다. 설렁탕을 막걸리라 하면 이곳의 곰탕은 청주라 할까.
이 맑은 국에 뻘건 깍두깃국물을 부어 먹는 게 오랜 단골의 조리법이다.

2

종로 빈대떡

저녁노을이 질 무렵, 사람들이 하나둘 모이기 시작한다.
노년의 신사도, 중년의 샐러리맨도,
젊은 남녀 커플도 빈대떡 앞에서 행복해진다.
어두컴컴해지면 어느새 의자를 좁혀 앉아야 할 정도로 사람들로 가득 찬다.
빈대떡 지지는 연기도 가득 차고, 사람들의 목청도 커진다.
이곳에서는 손님들끼리 자리를 나눠 앉는 것이 기본이다.
새로 손님이 오면 먼저 앉아 있던 손님이 서로 자리를 좁혀 내준다.
누구 하나 불평하지 않는다.
그래서 따로 온 손님들이 함께 막걸릿잔을 기울이다
친구가 되어 문 밖을 나서기도 한다.

거기 가면 빈대떡 신사를
만날 수 있을까

직장 친구들끼리 몇 푼 안 되는 술 밑천을 만들어 대폿집에서 석양 배를 기울이는 샐러리맨들의 그 모습은 한 사람 앞에 이삼천 원씩 들여 마시고 노는 유흥의 명문족 못지않게 즐거워 보인다. 고작 빈대떡이나 오 원 균일의 안주 몇 가지로 막걸리, 소주잔을 기울이면서 피로를 풀며 그날의 위안을 얻는 직장인들에겐 남모르는 고상한 흥취가 풍긴다.

— 《동아일보》(1962. 12. 12) 기사 '횡설수설' 중에서

유흥의 명문족이 얼마나 되겠는가! 호주머니 사정이 좋지 않은 샐러리맨이며 도시의 소시민이 술 한잔하면서 먹을 수 있는 가장 만만한 안주가 바로 빈대떡이었다. 몇 푼 안 되는 술 밑천을 들고 당당히 술집에 들어갈 수 있었던 것은 값이 싸면서도 요기가 되는 빈

대떡이 있었기 때문인지도 모른다.

1945년 해방 이후 생기기 시작한 서울의 빈대떡집은 한국전쟁 이후 우후죽순으로 늘어났다. 휴전선이 생기면서 이남에 정착하게 된 실향민들이 별 밑천 없이 할 수 있는 것 중 하나가 고향에서 자주 해 먹던 빈대떡 장사였다. 또한 1950~60년대 대폿집을 보면 유독 '과부집', '쌍과부집' 같은 이름이 많은데, 이는 전쟁 미망인들이 쉽게 할 수 있는 장사가 또한 빈대떡집이었기 때문이다.

서울 시내 골목길 어디든 빈대떡에 막걸리 한잔할 수 있는 대폿집이 있었지만 종로 뒷골목은 특히 유명했다. 그중 사람 둘이 겨우 지나칠 수 있는 종로통의 좁다란 골목인 피맛길에는 빈대떡 지지는 냄새, 생선 굽는 냄새, 사람 냄새가 풍기는 대폿집들이 많았다.

피맛길이 생긴 연유는 이러하다. 양반, 고관대작들이 말이나 가마를 타고 운종가(종로통)를 왔다 갔다 했다. 그때 마주치기라도 하면, 아랫사람들은 그들이 지나갈 때까지 허리를 굽혀 조아리지 않으면 안 되었다. 상놈으로 태어난 죄라고는 하나 영 번거롭고 눈꼴신 일이 아닐 수 없었다. 어찌하겠는가, 피해 갈 수밖에. 양반들 행차가 있을 것 같으면 사람들은 재빠르게 큰길 뒤편으로 피해 들어갔다. 자연스레 길이 났고 그 길로 다니는 아랫사람들의 왕래도 늘어났다. 사람이 느니 좁다란 골목길 양옆으로 그들을 상대로 하는 국밥집도 생겼고 술집들도 생겼다. 그리고 '말[馬]을 피해[避] 가던

길'이라 하여 '피맛(避馬)길'이라는 이름도 붙었다.

한양 한복판에 아랫사람들이 만들어 낸 피맛길은 비슷비슷한 사람들이 밥 한 끼 먹고 술 한잔하는 도심의 골목길로 면면이 이어져 내려왔다. 그리고 그 골목길은 고단한 도시의 삶을 위로받으려는 서민들의 해방구로 다시 이어질 것이라고 생각했다. 그러나 '도심 재개발'에 너무나 쉽게 발목을 잡히고 말았다. 그것도 깡그리 밀려날 판이다. 태생부터 불손한 아랫사람들의 골목이라 하찮게 보인 것일까.

광화문 교보문고 뒤편에서 시작되어 제일은행 본점으로 이어지는 피맛길에는 가장 피맛길다운 식당들이 몰려 있었다. 빈대떡 대폿집인 '열차집', 기름진 생선구이와 된장찌개를 내던 '대림식당'과 '함흥집', 돼지불고기와 오징어볶음이 일품이던 '청진식당', 연탄불에 고실고실 구워 주던 삼겹살과 백반이 좋았던 '남도식당' 그리고 소주 안주로 안성맞춤인 칼칼한 낙지볶음을 내던 '서린식당' 등. 서울의 뒷골목 맛을 책임지며 옹기종기 기대어 있던 사람들의 아지트가 터전을 잃고 뿔뿔이 흩어져 버렸다. 서울의 추억을 도둑맞은 것처럼 슬픈 일이다.

피맛길 재개발로 인해 제일은행 본점 뒷골목으로 이사한 열차집.
경복궁은 복원되어도 피맛길은 야금야금 헐린다.

열차는 잃었지만 빈대떡은 여전한 열차집

빈대떡집 '열차집'도 40여 년 동안 정들었던 피맛길을 떠나야 했다. 열차집이 피맛길을 나와 새로 둥지를 튼 곳은 제일은행 본점 뒤쪽 골목길이다. 상가빌딩으로 들어가지 않은 것이 다행이다 싶었는데, 피맛길 시절의 분위기와 비슷한 곳을 찾으려고 애를 썼다 한다. 통유리창 너머 커다란 번철이 보이고 빈대떡을 부치는 낯익은 모습이 보인다.

열차집은 전후인 1954년 교보문고 뒤 삼청동에서 내려오는 개울가 한옥집 담 밑에서 시작된다. 용인 출신의 안덕인 씨 부부가 추녀 밑에 나무의자를 길게 늘어놓고 목로(선술집에서 술잔 등을 놓기 위하여 널빤지로 좁고 기다랗게 만든 상)를 차려 빈대떡과 막걸리를 팔았다. 그 모양새가 마치 '칙칙폭폭' 열차를 이어 놓은 듯해 사람들이 '일자집', '기차집' 또는 '열차집'이라 불렀다. 열차집이라고 정식 간판을 달고 피맛길에 들어와 빈대떡을 지지기 시작한 때는 1969년. 인심 푸근하고 맛 좋았던 열차집은 막걸리 한잔하려는 사람들로 언제나 북적거렸다.

지금 열차집의 주인은 윤해순 씨이다. 당시 그는 열차집 근처에서 식품점을 하고 있었다. 그에게 "구멍가게 하는 것보다 나을 테니 맡아서 한번 해 보라"며 친분이 있던 안덕인 씨가 권했고, 열차집

장사 되는 모습을 지켜봐 오던 그는 흔쾌히 받아들였다. 아내와 함께 2~3개월간의 견습기간을 갖고 열차집의 맥을 잇기 시작한 것이 1976년이니, 피맛길에서 빈대떡과 함께 해 온 시간이 42년이다. 그 세월 속에 그는 어느새 노인이 되었고 손님들도 나이를 먹었다.

　기름을 넉넉히 두른 널찍한 사각 번철에 노란기를 띤 푸르스름한 녹두 반죽을 한 국자 떠 올리면 지글지글 빈대떡 지지는 소리가 입맛을 돋운다. 동그랗게 모양을 잡고, 잘게 썰어 놓은 돼지고기 몇 점을 위에 올린다. 색감이 곱고 얌전하다. "간 녹두하고 양배추 그리고 돼지고기, 거기에 소금과 물이 들어가. 구워 내는 기름이 중요하지. 예나 지금이나 돼지기름을 써!" 윤해순 씨가 말한다. '빈대떡은 돼지기름으로 지져 내야 제맛'이라는 말은 익히 들었다. 허연 돼지 비곗덩어리를 번철에 얹는 모습이 머릿속에 떠오르지만 비곗덩어리는 어디에도 보이지 않는다. 대신 번철 한쪽에 놓인 갈색의 기름이 눈에 띈다. 그것이 바로 돼지기름이다. 돼지 비곗덩어리를 솥에 넣고 끓여 받아 낸 것이다. 한 번에 비계 70~80근을 끓여 돼지기름을 만드는데, 그러면 15일 정도 쓸 수 있는 양이 나온다 한다. "냄새도 고약하고 작업이 고되지만 돼지기름을 써야 깊은 맛이 나고 고소하니 안 할 수가 없지." 윤씨는 요즘 동물성 기름이네, 냄새가 역하네 하면서 콩기름으로 지져 내는 빈대떡이 많지만 빈대떡에는 역시 돼지기름이라며 몇 번을 강조한다.

서울 뒷골목의 빈대떡집들은 여전히 돼지기름으로 빈대떡을 부친다.
열차집 간판이 비치는 그릇에 담긴 것이 돼지기름이고,
그 위의 사진은 돼지기름을 뽑고 난 비계이다.

노릇하게 잘 구워진 빈대떡 석 장과 함께 어리굴젓, 간장에 재운 양파가 나왔다. 소주도 좋지만 역시 빈대떡에는 막걸리다. 막걸리 한 잔을 시원하게 비우고 빈대떡을 젓가락으로 찢어 빨간 어리굴젓을 올려 입에 넣는다. 생굴과 조개젓을 섞어 고춧가루로 양념한 어리굴젓은 매콤하고 짭조름해 빈대떡의 기름 맛과 잘 어울린다. 초창기 주인 때부터 내려오는 이곳의 맛이다.

지금은 막걸리가 페트병에 담겨 나오지만 예전에는 말술을 받아다 주전자에 부어 냈다. 당시는 냉장시절이 잘 되어 있지 않아 여름이 되면 막걸리 간수하는 것이 여간 성가신 일이 아니었다. 술항아리를 바닥에 묻어 술이 쉽게 쉬지 않게 했고, 술독에 얼음보따리를 넣어 냉기를 유지하기도 했다. 옛날 생각에 지금도 주전자에 막걸리를 담아 달라는 손님이 있다.

"단골들 때문에 그만두고 싶어도 못하지. 요즘 맛있는 게 얼마나 많아. 그래도 첫 월급 탈 때부터 드나들던 손님, 학생 시절부터 드나들던 손님이 지금까지 찾아오는 건 정 때문이지. 그리움 때문이야. 열차집을 그만두는 것이 내 손에 달린 일이 아니라는 걸 이미 알았어."

저녁노을이 질 무렵, 사람들이 하나둘 모이기 시작한다. 노년의 신사도, 중년의 샐러리맨도, 젊은 남녀 커플도 빈대떡 앞에서 행복해진다. 어두컴컴해지면 어느새 의자를 좁혀 앉아야 할 정도로 사람들로 가득 찬다. 빈대떡 지지는 연기도 가득 차고, 사람들의 목청도 커진다. 이곳에서는 손님들끼리 자리를 나눠 앉는 것이 기본이다. 새로 손님이 오면 먼저 앉아 있던 손님이 서로 자리를 좁혀 내준다. 누구 하나 불평하지 않는다. 그래서 따로 온 손님들이 함께 막걸릿잔을 기울이다 친구가 되어 문 밖을 나서기도 한다.

"언론인들이 많았고, 예전에 사대문 안에 학교가 많아서 학교 선생들도 많이 왔다 갔지. 술은 마시고 싶고 돈은 없고 회사에서 가불해 빈대떡에 술 한잔하러 오는 손님도 있었고. 예전엔 외상을 지고 마시는 경우도 많았어. 대학생들은 팔뚝시계랑 학생증 많이 맡기고 갔지. 근디, 쓸 만한 것들은 다 찾아가구, 팔아도 돈 안 되는 건 안 찾아가더라구. 이게 다 옛말이지. 요즘 어디 그런 게 있어. 다 카드 내고 그러지." 1970~80년대 대폿집의 일상을 들려주던 윤씨가 옛 생각에 웃음을 머금는다.

박물관에 추억을 두고, 청일집

1971년, 곱게 자란 처녀가 시집을 갔다. 시어머니는 작은 일본식 가옥에서 빈대떡집을 하고 있었다. 갓 시집온 며느리도 옆에서 함께 빈대떡을 부쳐야 했다. 처녀 시절 멋쟁이 소리를 들었던 그녀에겐 그리 즐거운 일이 아니었지만, 매일매일 번철 앞에 서서 기름을 칠하고 빈대떡을 부치는 사이 그 마음이 사그라졌다. 자신이 부친 빈대떡을 먹으며 즐거워하고 고마워하는 손님들의 모습에 마음이 열렸고, 빈대떡이라는 음식에 자부심도 갖게 되었다. 시어머니의 대를 이어 빈대떡을 지져 온 '청일집' 주인 임영심 씨(72)의 이야기다. "시어머니는 일본 나고야에서 자라셨죠. 1945년 해방 직후에 돌아오셔서 서울 청진동에서 빈대떡 장사를 시작하셨는데, 그게 벌써 65년 전이네요."

1945년에 문을 연 청일집은 열차집과 함께 피맛길 빈대떡 대폿집의 양대 산맥이라 할 수 있다. 청일집 역시 도심 재개발로 인해 피맛길을 떠나야 했다. 임씨는 하나하나 손때가 묻어 있는 것들과 이별해야 한다는 것이 못내 아쉬웠다. "지금까지 가게를 하면서 그냥 빈대떡집이 아니라 우리네 같은 서민들이 술 한잔하며 속풀이를 할 수 있는 그런 고향 같은 공간이라 생각해 왔어요. 거기에 자부심을 느끼기도 했지요. 누가 보면 아무것도 아닌 물건 하나하나도 얼마나 소중하던지. 그래서 박물관 같은 데 남겼으면 좋겠다고 생각했어요."

그런 생각을 갖고 있는 차에 서울역사박물관에서 청일집의 모습 그대로를 영구 보존하고 싶다고 제안했다. "서울역사박물관의 강홍빈 관장님이 대학생 때부터 지금까지 저희 단골손님이시죠. 그

인연으로 청일집의 모습을 박물관에 그대로 남길 수 있었어요." 세월을 머금고 있던 가게의 맷돌, 번철, 막걸릿잔, 그릇과 같은 물건뿐만 아니라 추억이 서린 벽면의 낙서까지 서울역사박물관에 기증되었다. 박물관에서나마 서민들의 삶과 추억이 담긴 실제 공간을 그대로 볼 수 있는 것은 의미가 큰 일이다. 그러나 그 자리에 들어가 막걸리 한잔할 수 없는 아쉬움은 남는다.

옛 물건과 낙서를 서울역사박물관에 남기고, 청일집이 새롭게 보금자리를 튼 곳은 르메이에르 종로타운 1층이다. 이곳은 청진동 해장국 골목에서 나온 '청진옥', 한때 낙지볶음을 내던 '이강순실비집'이 함께 자리를 잡은 곳이다. 청일집으로 향하는 길은 예전과는 사뭇 다르다. 대로변에 자리한 고층건물로 들어가야 하고 깔끔한 간판들이 환하게 밝혀져 있다. 아직까지 그 모습이 낯설다. "예전에는 20~30년을 함께한 단골들이 많이 오셨지요. 요즘은 단골손님이 조금 줄었어요. 그 대신 종로 일대를 오가는 젊은 손님들이 늘었지요. 이렇게 자연스럽게 세대 교체가 이루어지겠지요."

세월이 흐르다 보면 강산도 변하는 법, 그렇게 조금씩 흘러가다 보면 이곳에도 세월의 때가 곱게 앉을 것이다. 며느리였던 그녀가 어느새 며느리를 본 시어머니가 되었다. 며느리도 자신처럼 그렇게 빈대떡과 사랑에 빠지길 바랄 뿐이라 한다.

돈 없으면 빈대떡에 막걸리 한 잔, 유진식당

1943년에 발표된 유행가 〈빈대떡 신사〉는 "돈 없으면 집에 가서 빈대떡이나 부쳐 먹지"라고 했지만, 지금은 집에서 빈대떡을 부쳐 먹기가 쉽지 않다. 여전히 다른 안주보다야 빈대떡이 값싼 안주이지만, 돈 없이 먹기도 쉽지 않다. 정말로 '돈 없어도' 빈대떡을 먹고 싶을 때는 '유진식당'으로 간다. 탑골공원 북문 앞쪽 모퉁이에 있는 유진식당은 녹두지짐(빈대떡)과 냉면, 수육, 술국 등의 안주와 술을 내는데, 일명 '착한 가격'과 '착한 맛'으로 인기를 얻고 있는 곳이다.

평안남도 덕천군 장도면이 고향인 문용준 옹(91)은 1.4후퇴 때 피난 내려와 서울에 정착했고, 1960년대 초에 건국대학교가 있던 낙원동 골목 모퉁이에서 냉면, 불고기, 갈비 등을 내는 한식집 '대동강'을 냈다. 30여 년 전 지금의 자리로 옮겼는데, 그때 식당 이름도 유진식당으로 바꾸었다.

점심때가 지난 낮 시간에 찾았는데도 간단하게 술 한잔하려는 손님들로 빈 자리가 없다. 가게 입구 오른쪽에서 냉면을 뽑고 삶아 내는데, 가느다란 면이 국수틀 구멍에서 나오면서 펄펄 끓는 물에 바로 떨어진다. 냉면을 담당하는 아주머니는 익숙한 동작으로 솥을 휘휘 저어 가며 면을 삶아 내고 찬물로 헹군다. 평양식으로 내고 있는 물냉면은 메밀가루 70퍼센트로 반죽한 면을 동치밋국물

섞은 쇠고기 육수에 만 것이다. 빈대떡에 술 한잔한 후 시원하게 냉면 한 그릇 들이켜면 속이 풀리고 든든하다.

국수틀 뒤로 빈대떡을 지져 내는 검정색 번철이 보인다. 이곳의 번철은 수평을 맞추지 않고 비스듬하게 놓아 한쪽으로 기름이 모이도록 해 놓았는데, 기름의 양이 많아 흥건할 정도이다. "예전에도 그랬고 지금도 돼지기름을 써요. 그래야 더 고소하고 맛있죠." 부모님을 도와 식당 일을 보고 있는 문용준 씨의 맏딸 문미환 씨(59)가 말한다. 그런데 번철 한쪽에 튀김 부스러기처럼 보이는 것들이 쌓여 있다.

"돼지기름을 잘 내기 위해 비곗덩어리를 분쇄기로 갈아서 쓰는데, 기름을 내고 남은 부스러기들이에요." 문씨가 빈대떡의 모양을 내면서 이야기한다. 전문적으로 빈대떡을 내는 식당의 공통점은 너나 없이 빈대떡 지지는 데 돼지기름을 고수하고 있다는 것이다. 다른 것이 있다면 돼지기름을 내는 방법이다. 열차집과 청일집은 비곗덩어리를 끓여 돼지기름을 내고 유진식당은 잘게 분쇄한 비곗덩어리를 바로 가열해 기름을 낸다.

문용준 옹이 고향에서 먹었던 맛으로 녹두만 갈아 김치, 고사리, 숙주, 대파, 양파 등을 넣고 반죽을 해 지져낸다. 녹두 이외 채소가 거의 들어가지 않는 열차집, 청일집과 비교해 여러 나물을 쓰는 편이다. "옛날에는 고명으로 돼지 비계를 얹었는데 요즘에는 돼지기

름으로 지져 내기 때문에 고명에서는 뺐어요. 노인분들 중에 돼지 비계 좀 올려 달라고 하시는 분이 계세요. 그럼 고명으로 넣어 지져 내기도 해요." 노인들이 돼지 비계를 올려 달라 하는 것은 비계 한 점도 귀했던 시절 먹었던 맛의 그리움 때문은 아닐는지.

문씨가 다시 녹두 반죽을 떠서 번철에 지져 내기 시작한다. 번철에 고여 있는 돼지기름을 계속 두르며 지져 내는데, 기름의 양이 많아 지진다기보다 튀겨 낸다는 느낌이 든다. 빈대떡의 한쪽 면을 다 지지면 뒤집고 뒤집개로 탁탁 두드려 칼집을 낸다. 두툼하고 큼직한 빈대떡이라 이렇게 해야 속까지 잘 익고, 공기를 빼 주는 역할도 한다. 노릇노릇 구워진 빈대떡을 접시에 올려 손님상에 낸다. 겉은 바삭바삭하고 속은 부드럽다. 재료나 모양새로 보나, 맛으로 보나 광장시장 빈대떡 골목의 빈대떡과 닮았다.

한 장 값이 5,000원이다. 2,000원 하는 막걸리 한 병 시켜 마신다. "돈 없으면 집에 가서 빈대떡이나 부쳐 먹"이라지만, 돈 없으면 유진식당으로 향하는 것이 낫다.

3

신림동 순대

순대볶음 하면 빨간 순대볶음을 생각할 정도로
대부분 양념순대볶음을 먹었다.
그러던 것이 10여 년 전부터 양념하지 않은 순대를 찾는 손님이 늘어났다.
그때 백순대라는 말도 생겼는데,
그 전까지는 볶음순대라고 하는 경우가 많았다고 한다.
지금 신림동 순대의 대세는 백순대이다.
단맛이 강하고 국물이 많이 나오는 양념순대볶음은 이곳에서 맥을 추지 못한다.
백순대의 인기는 과거에 먹던 백순대에 대한 추억일 수도 있고,
자극적이지 않고 깔끔한 맛을 추구하는 손님들의 기호 변화일 수도 있다.
입맛도 돌고 돈다.

순대 볶는 소리가 요란해질수록

1970년대, 내가 어린 시절을 보낸 곳은 경기
도와의 경계에 있던 서울 변두리였다. 집 뒤에는 낮은 야산이 둘러
있고 앞마을 사이에는 논두렁이 펼쳐 있었다. 시골이나 별 다를 게
없었다. 워낙 작은 동네라 다들 가족처럼 살갑게 지냈다. 동네 끝쪽
에 살던 인숙 이모는 억척스러웠다. 살림에 보태겠다고 집 옆에 우
리를 하나 만들어 돼지를 쳤다. 리어카를 끌고 다니며 동네 잔반을
얻어다 돼지를 먹였다.

어느 날, 조용하던 동네에 소동이 벌어졌다. 인숙 이모가 키우던
돼지 한 마리가 우리 밖으로 뛰쳐나간 것이다. 어린아이의 눈이긴
하나 꽤나 덩치가 있는 놈이었다. 킁킁거리며 달음질하는 놈을 먼
발치에서 지켜보다가 무서운 마음에 재빨리 집으로 들어가 버렸
다. 어른 몇 명이 이리저리 쫓아 어떻게 잡았던 모양인데, 그때 돼지

가 결코 느리거나 둔하지 않다는 것을 알았다.

며칠 후 집에 놀러온 인숙 이모는 신문지로 싼 묵직한 것을 내려 놓았다. 돼지고깃덩어리였다. "그놈 잡았다. 찌갯거리를 하든지 삶아 먹어라. 아, 순대 한번 만들어 봤는데. 오래간만에 해서 그런지, 불이 너무 셌던지 영 모양새가 없다." 동네를 발칵 뒤집어 놓았던 돼지가 목숨으로 죗값을 치른 모양이었다. 양은그릇에 담겨 있던 순대의 모양은 울퉁불퉁한 것이 영 볼품이 없었는데, 그걸 먹을 수가 없었다. 도망치던 돼지 생각보다는 모양새며 색깔이며 냄새가 어린아이에게는 낯선 것이었기 때문이다. 그러나 인숙 이모는 이북 출신이다. 갓 잡은 돼지 창자에 선지 그리고 갖은 속을 넣은 진짜 순대였을 것이다.

순대에 익숙하게 된 것은 간을 곁들여 내주던 시장 좌판 순대를 먹고 나서부터이다. 당면을 채워 만든 시장 순대, 포장마차 순대가 다인 줄 알았다. 그러나 술을 마시기 시작하면서 순대가 술국도 되고 볶음도 된다는 것을 알았고, 시간이 가면서 속초아바이순대, 평양순대, 평안도찹쌀순대, 백암순대, 병천순대, 전주피순대, 담양암뽕순대, 용궁순대 등 그 종류 또한 많다는 것을 알게 되었다.

이처럼 저마다 지명을 내세우는 순대들이 뜨고 있지만, 서울에서 순대라 하면 사람들은 으레 이곳을 떠올린다. 바로 신림동이다.

신림동 순대의 터줏대감, 또순이순대

1980년대 말, 사법고시 공부하는 친구가 있었다. 골방에 박혀 하루 종일 두툼한 법서法書와 씨름하니 언제나 얼굴이 하얗게 떠 있었다. 그 친구를 따라 신림동 고시촌을 간 적이 있다. 고시생들이 사용한다는 2단 도서받침대를 덩달아 사서 돌아오는 길에 신림시장에 들러 말로만 듣던 신림동 순대볶음을 안주로 소주 한잔을 했다. 지금도 신림동 하면 그 친구의 신세타령이 섞이던 왁자지껄한 시장의 분위기가 아련히 떠오른다.

20년도 지난 그 추억을 되새김질하면서 지하철 2호선 신림역에서 내렸다. 상권 개발로 인해 흐릿한 기억 속 신림시장의 순대촌 모습은 더 이상 볼 수 없었다. 그러나 완전히 사라진 것은 아니다. 재개발 당시 토지 소유주와 시장에서 장사를 하던 순댓집들 간의 원만한 합의가 이루어졌기 때문이다. 시장 부지에 상가를 건축해 순댓집들을 입주시키는 것이었다. 1992년 입주권을 받은 68개의 순댓집들이 5층짜리 상가건물인 '민속원조순대타운'의 4개 층에 층층이 새 보금자리를 잡는다. 한 건물 안에서 층마다 간판을 달리하는 순댓집이 좌판 형식으로 옹기종기 머리를 맞대고 영업을 시작하게 된 것이다. 민간 차원에서 이루어진 재개발인데도 한 지역에 뭉쳐 있던 음식점이 뿔뿔이 흩어지지 않고 한 건물에 수용된 것은

독특한 사례였다.

민속원조순대타운 바로 옆 건물에 들어선 '양지민속순대타운'은 양지병원이 있던 자리다. 민속원조순대타운이 잘나가자, 6층짜리 병원 건물을 개조해 만들었다. 현재 이 두 건물이 신림동 순대타운 혹은 신림동 순대촌이라고 불리면서 신림동 순대의 역사를 이어 가고 있다.

민속원조순대타운의 1층은 전체를 '또순이순대'가 차지하고 있다. 갓 돌 지난 아들을 둔 스물다섯 살의 주부는 결혼 후 줄곧 신림동에서 살았다. 집도 있고 살기 괜찮을 거라는 중매쟁이의 말을 믿고 결혼을 했는데, 막상 결혼을 하니 사글셋방 신세를 져야 하는 처지였다. 아이까지 낳고 보니 직장 다니는 남편만 믿고 있다간 저축은커녕 입에 풀칠하기도 힘들 것 같았다. 생활비라도 벌어 볼 심산으로 신림시장에서 1.5평의 순대 장사를 시작한 것이 1980년. 또순이순대의 사장 정인자 씨(63)의 이야기다. "1980년에 제가 장사를 시작할 때 시장에 다른 순대 가게가 네 집 있었어요. 그땐 순대와 내장을 철판에 그냥 구워 주었는데 그리 장사가 잘되지 않았죠. 생각 끝에 깻잎, 파, 거기다 고기구잇집에서 나오는 편으로 썬 마늘 있잖아요. 그 마늘을 함께 넣어 볶아 봤는데, 그게 대박이 난 거예요. 장사가 잘되자, 근처의 다른 가게들이 순대 가게 간판으로 바꿔 달고, 그러면서 신림동 순대로 유명해지기 시작했죠."

손님이 200원, 300원어치 달라고 했던 그 시절로부터 30여 년의 세월이 흘러 그녀는 이제 건물 한 층을 전부 쓰는 가게의 주인이 되었다. 그리고 등에 업혀 칭얼대던 돌배기 아들이 벌써 서른 살이 넘었다. 분명 그녀는 또순이다.

신림동 순대의 터줏대감인 정인자 씨이니, 학생이었던 손님이 결혼해서 자녀를 데리고 순대볶음을 먹으러 오는 일도 드물지 않다. 그런 모습을 보고 있으면 흐뭇한 미소가 떠오르지만 그렇다고 방심할 수는 없다. "돌아서면 배고파지는 젊은 시절에 먹은 음식이니 얼마나 맛있었겠어요. 그렇지만 지금 먹으면 다를 수 있죠. 예전 맛 그대로 하다가는 안 돼요. 이제 양이 아니고 맛으로 승부해야 해요. 아무리 옛날 맛을 보려고 왔다고는 해도 맛없으면 다시 안 오죠." 그녀가 손님이 남긴 음식을 먹어 보는 일이 다반사인 까닭이다. 그녀는 또순이가 맞다.

여수 출신 아니어도 전라도여수집

계단을 따라 민속원조순대타운의 위층으로 올라가다 보면 층마다 스무 개는 넘어 보이는 가게들이 낮은 경계선을 두고 영업을 하고 있다. 3층 입구로 들어서자 손님을 부르는 소리가 여기저기에서 들려온다. 단골집이 있는 이들이야 제 길을 찾아가지만, 그렇지 않으면 발길이 우왕좌왕할 수밖에 없다.

입구 쪽에 있는 '전라도여수'집으로 들어가 앉았다. 가게마다 걸어 놓은 간판을 보니 '남원집', '순창집', '호남식당', '전라도순대' 등 전라도 지명을 딴 이름이 압도적으로 많다. 가게 하는 사람 중에 전라도 출신이 많아서 그렇다는 말도 있고, 전라도 하면 맛이 좋을 거라 생각하기 때문에 그렇다는 말도 있다. 또 이 부근에 전라도 사람이 많이 살아 고향 사람 찾아서 그렇다는 말도 있다.

"남편도 저도 여수가 고향은 아니에요. 예전 주인이 가지고 있던 상호를 그대로 쓰고 있지요. 단골손님도 있고 사업자등록증에 그렇게 되어 있어서 굳이 바꾸지 않았죠. 여기 저희 같은 경우가 꽤 돼요!" 이곳 순대타운에서 15년간 가게를 해 온 '전라도여수'집의 안주인 김광연 씨(66)의 설명이다. 손님 식탁 위에 놓인 은색 철판이 얼굴이 비칠 정도로 반질반질 잘 닦여 있다. 그녀의 성격이 엿보인다.

시계가 오후 5시를 향하고 있다. 아직 이른 시간이라 그런지 손님이 적다. 한쪽 식탁에 수수한 차림의 여학생 두 명이 순대볶음을 안주로 소주를 마시고 있다. "가끔 와요. 오늘은 친구가 먹고 싶다고 해서 왔어요. 학교 개강모임이나 동아리모임 할 때 자주 이곳을 이용하죠. 어울려 먹기 좋아요." 인근 대학을 다닌다는 여학생들은 해도 떨어지지 않은 시간에 술을 마시는 것이 쑥스러운지 겸연쩍은 표정을 짓는다. 사실 이곳의 순대볶음은 가격이 싸고 양도 많아 학생들이 부담 없이 어울려 먹기 좋다.

신림시장 시절인 1980년대는 대학생들의 과외 아르바이트가 금지되었던 시절이라 너나없이 용돈이 궁했다. 당시 주머니 사정이 좋지 못한 대학생들을 비롯해 고시생, 노동자, 방위병들이 많이 드나들었는데, 특히 서울대 캠퍼스가 가까운 터라 서울대 학생들이 많이 찾아왔다. 동숭동(대학로)에 터를 잡고 있던 서울대 캠퍼스가 숲이 무성한 관악산 끝자락인 신림동으로 옮겨 온 것이 1975년. 일설에는 서울대 문리대, 법대 학생들이 '독재정권 물러가라'는 반정부 시위를 쉴 새 없이 하자 골머리를 썩던 정부가 시위 진압을 원활히 하기 위해 한적한 오지인 이곳으로 옮겼다는 얘기도 있다. 그러나 민주화를 열망하는 학생들의 시위는 계속되었다.

시위가 끝나면 학생들은 신림시장의 순댓집에 몰려가 민중가를 목청 높이 부르며 술 한잔을 했는데, 때로는 노동자와 젊은 지식인들이 만나 어깨동무를 하는 술자리가 되기도 했다. 값이 싸다 해도 그것조차 버거웠던 가난한 학창 시절, 학생증이나 시계를 맡기고 가는 자취생, 고시생들도 적지 않았다. 어디에 팔 수도 없는 학생증이 담보가 되는, 낭만의 시대였다.

양념순대에서 백순대로, 돌고 도는 입맛

신림동 순대는 원래 '볶음'이다. 순대볶음 하면 고춧가루양념으로 매콤하고 빨갛게 볶아 낸 것을 떠올린다. 그래서 메뉴판의 '원조백순대'라는 이름이 낯설다. 하얀색의 순대일까? 백순대를 시켜 본다.

김광연 씨가 은색 철판 위에 순대, 곱창, 양배추, 쫄면, 대파, 떡국떡 등을 푸짐하게 담고 그 위에 어슷썰기를 한 홍고추와 청고추를 구색 맞춰 올리고 들깻가루를 뿌린다. 백순대는 고춧가루를 사용하지 않고 참기름, 들깻가루, 마늘, 후추 정도의 순한 양념으로 볶아 낸 것을 말한다. 하얀색의 순대가 아니다.

또순이순대의 정인자 씨가 말한 것처럼, 신림시장 초창기의 순대볶음은 지금의 백순대처럼 별 양념 없이 볶아서 소금에 찍어 먹는 것이었다. 그러다가 "양념장이 있었으면 좋겠다"는 손님의 말에 양념을 곁들이게 되었고, 아예 그 양념으로 순대를 볶으면서 매콤하고 빨간 양념순대 볶음이 나오게 된다. 그 이후로

신림동 순대는 볶음이다. 하얀색, 빨간색 두 종류가 있는데,
고춧가루를 넣지 않은 것을 백순대라 하고 '원조'로 여기는데, 최근 다시 인기를 얻고있다.

순대볶음 하면 빨간 순대볶음을 생각할 정도로 대부분 양념순대볶음을 먹었다. 그러던 것이 10여 년 전부터 양념하지 않은 순대를 찾는 손님이 늘어났다. 그때 백순대라는 말도 생겼는데, 그 전까지는 볶음순대라고 하는 경우가 많았다고 한다. 지금 신림동 순대의 대세는 백순대이다. 단맛이 강하고 국물이 많이 나오는 양념순대볶음은 이곳에서 맥을 추지 못한다. 백순대의 인기는 과거에 먹던 백순대에 대한 추억일 수도 있고, 자극적이지 않고 깔끔한 맛을 추구하는 손님들의 기호 변화일 수도 있다. 입맛도 돌고 돈다.

칙~ 지글지글, 달구어진 철판에 순대를 올리자 하얀 김을 내면서 볶이는 소리가 경쾌하게 들려온다. 순대와 채소가 다 볶이면 철판 한가운데에 마늘, 통깨, 잘게 썬 고추 등을 고추장에 섞어 만든 양념장을 동그란 종지에 담아 올려 준다. 채소의 아삭함이 그대로 살아 있고 양념은 담백하다. 양념장에 찍어 먹거나 깻잎에 싸서 먹는데, 향이 입안에 퍼져 개운하다. 후추의 매운맛이 입맛을 당기며 소주 한 잔이 절로 들어간다. 비슷한 방식으로 순대를 볶아 내지만 집집마다 맛의 차이는 있다. 주재료인 순대는 거의 같은 곳에서 사오기에 크게 맛을 좌우하지는 않는다. 대부분 양념과 양념장에서 오는 맛의 차이다.

저녁시간이 되자 양복을 입은 직장인, 대학생, 관악산에서 내려온 등산객 등 손님이 밀려오기 시작한다. 과거에 비해 다양한 층의 사람들이 이곳을 찾으나 대체로 젊은 손님이 많다. 주말에는 가족 단위의 손님도 많이 찾는다. 저마다 자리를 잡고 순대를 앞에 두고 술 한잔을 기울인다.

사람이 많아질수록, 사람들의 목소리가 높아질수록, 순대를 볶는 지글지글 소리가 요란해질수록, '아줌마'를 애타게 부르는 소리가 잦아질수록 20여 년 전 그 왁자지껄한 분위기에 가까이 가고 있었다. 가난하지만 그것이 낭만이 됐던 그 시절 그때로.

4

성북동 칼국수

식탁 위에 푸른빛이 감도는 사기그릇에 담긴 '국시'가 올라왔다.
한우 사태와 양짓살, 사골을 푹 고아 낸 고깃국물 속에
하늘하늘 흰 면발 그리고 채썬 연둣빛 애호박이 살그머니 얼굴을 내밀고
다진 고기가 고명으로 얌전하게 담겨 있다.
심심한 듯 정갈한 맵시다. 배추김치, 무김치, 파김치에다
파를 송송 썰어 고춧가루에 버무린 다대기가 곁들여진다.
이것이 문민정부의 칼국수 대통령이 가끔 와서 먹던 칼국수요.
경제계와 정치계를 망라한 성북동 산동네 부촌 사람들이
살며시 내려와 먹고 가는 칼국수요.
성곽을 걸어 내려온 등산객들이 배를 채우고 가는 칼국수다.

서울이라고 바꿀소냐, 국시는 국시다

1960년대 후반, 없는 사람들끼리 어깨를 맞대고 살던 성북동 언덕배기에 '저택'이 뭔지 보여 주는 부자들의 집이 하나둘 들어서기 시작한다. 그때쯤 김광섭의 시 〈성북동 비둘기〉(1968)가 발표된다. 본래 살던 성북동 주민들은 쫓겨나고 새로 생긴 번지는 있는 자들의 몫이었다. 성북동을 거닐다 보면 담벼락의 높이만큼이나 배타적인 부자들의 공간, 구불구불한 골목을 따라 삶의 체취가 묻어나는 서민들의 공간 그리고 문학가, 예술가가 남기고 간 흔적의 공간이 함께 있는 것을 알 수 있다.

국시집 면발이 길지 않은 이유

이 공간에 점점이 박혀 조용히 사람들을 불러들이고 있는 음식점이 있으니 바로 칼국숫집들이다. 그중 가장 유명한 곳은 혜화동으로 통하는 성북동 언저리 주택가에 자리 잡은 '국시집'이다.

북악산 성북동 산자락이 개발되기 시작할 무렵인 1969년 이옥만 할머니가 한옥에서 시작한 칼국숫집이다. 2006년, 78세가 되던 해에 할머니는 돌아가셨다. 입구에 걸려 있는 나무간판은 서울에서 가장 작은 간판이라며 화제가 되기도 했다. 그러나 간판이 눈에 띄지 않아 자칫하면 그냥 지나쳐 버릴 수도 있다. 간판에서 알 수 있듯이 이곳의 칼국수는 '국수'가 아니라 '국시'이다. 경상도에서 국수를 국시라고 한다. "서울이라고 바꿀소냐, 국시는 국시다"라는 지역적 자존심을 담은 것일까. 아님 우스갯소리처럼 '밀가루'가 아니라 '밀가리'로 만들어 그런 걸까.

지금의 2층 양옥 건물은 처음 가게를 시작한 한옥을 개조한 것이다. 붉은 벽돌 건물의 문을 열고 들어가면 왼편에 국수를 끓여 내는 주방이 있고 오른편에는 몇 개의 식탁이 놓인 홀이 있다. 유명세에 비해 단출하다고 생각할 수 있으나, 양옥의 2층이나 홀의 중간 통로 그리고 양옥 건물 바깥쪽 옆문으로 들어가는 안쪽 한옥에도 손님을 들이는 방이 있다. 안쪽 한옥은 장사가 잘되자 뒤편의 집을 사서 합친 것인데, 정치인들이나 기업가들의 회동에 필요한 적당한 폐쇄성이 있어 보인다. 칼국수 대통령으로 알려진 김영삼 전 대통령이 민자당 대통령 후보 시절 이곳으로 자주 정치인들을 불러들여 회동한 것은 유명한 이야기다.

점심시간을 지나서 찾아가서인지 한가하다. 보통 국시집의 손님은 나이 지긋한 사람들이 많은데 오늘은 앳되어 보이는 연인이 마주앉아 조용히 칼국수를 먹고 있다. "연세가 있는 단골손님이 많고 경상도분들이 많이 와요. 일주일에 두세 번 오시는 분도 있어요. 정치인, 기업인, 연예인, 유명한 분들 많이 와요. 그걸 어떻게 일일이 얘기해요." 1997년도부터 이곳에서 일을 하고 있는 경주 출신의 아주머니는 새삼스럽게 자랑할 것도 없다며 유명인들의 이름은 드러내지 않는다.

이 아주머니는 이곳에서 '국수 써는 아줌마'라고 불린다. 그녀가 홍두깨로 밀어 놓은 반대기를 가져와 펼치는데, 그 지름이 어린아이 키 정도는 돼 보이는 게 족히 120센티미터는 넘는 듯하다. 푹신한 습기가 전혀 없고 종이처럼 얄팍하고 마른 느낌이다. 손님이 칼국수를 주문하면 그때 이 메마른 반대기를 몇 겹으로 접어 주문한 만큼 썬다.

"아침에 반죽을 홍두깨로 밀어서 반대기를 말려 둬요. 그리고 점심때부터 접어서 썰죠." 보통의 칼국수는 밀가루를 반죽해 숙성시

얇게 밀어 말려 두었다가 써는 국시집 칼국수는
접을 때 부서지곤 해 국수 가락이 길지 않다.

켜 놓았다가 손님이 주문하면 그때 반대기를 지어 국수를 썬다. 반대기를 바로 썰어 쓰지 않고 말리는 특별한 이유라도 있는 걸까? "이렇게 얇고 말라 있어야 물에 끓여도 면이 잘 풀어지지 않고 끝까지 보들보들해요." 접은 반대기를 일정한 폭으로 썰어 가는 그녀의 칼솜씨는 섬세하면서도 리드미컬하다. 반죽하고 밀고 썰면서 굵어진 그녀의 투박한 손이 만들어 내는 아름다움이다. 썬 국수 가락이 서로 붙지 않도록 탁탁 터는 것으로 그녀의 일은 일단락된다.

식탁 위에 푸른빛이 감도는 사기그릇에 담긴 '국시'가 올라왔다. 한우 사태와 양짓살, 사골을 푹 고아 낸 고깃국물 속에 하늘하늘 흰 면발 그리고 채썬 연둣빛 애호박이 살그머니 얼굴을 내밀고 다진 고기가 고명으로 얌전하게 담겨 있다. 심심한 듯 정갈한 맵시다. 배추김치, 무김치, 파김치에다 파를 송송 썰어 고춧가루에 버무린 다대기가 곁들여진다. 이것이 문민정부의 칼국수 대통령이 가끔 와서 먹던 칼국수요, 경제계와 정치계를 망라한 성북동 산동네 부촌 사람들이 살며시 내려와 먹고 가는 칼국수요, 성곽을 걸어 내려온 등산객들이 배를 채우고 가는 칼국수다.

탱글탱글한 면발에 익숙해져서인지 유난히 부드럽게 느껴진다. 이곳의 메마른 반대기는 접어서 썰 때 부서지곤 한다. 그래서 먹다 보면 길다란 면발이 별로 없다. 몇 번 후루룩 하니 그만 바닥이 드러난다. 칼국수 한 그릇의 값은 8,000원. 고깃국물에 손으로 공들

성북동의 칼국수는 가늘고 얇다. 입에 하늘하늘 들어와 스르르 풀린다.
이 가늘고 얇은 면발을 만들어 내는 찬모의 손은 투박하기 이를 데가 없다.
오랜 노동 탓에 왼손과 오른손의 모양이 다르다.

성북동 칼국수는 깔끔한 때깔을 하고 있어 '귀티'가 흐른다.
그 귀티만큼 가격도 비싸다.

여 썬 칼국수니 그리 할 말은 없지만, 보통 사람들의 서민적인 칼국
수는 아니다.

따끈한 칼국수로 속을 달래다

국시집은 비슷한 스타일의 칼국숫집을 성북동과 혜화동 곳곳에
퍼뜨렸다. 국시집에서 일하다 나간 아주머니가 가게를 차리기도 했
고 국시집 스타일을 좇아 가게를 연 곳도 있었다. 한곳에 몰려 있는
다른 먹거리 골목과 달리, 이곳은 칼국숫집이 점점이 박혀 있는 것
이 떠들썩하지 않고 은밀하다.

국시집에서 혜화문을 통과해 혜화로터리 쪽으로 향하는 내리막
길이 있다. 이 내리막길 오른쪽에 허름한 콘크리트 단층건물이 있
는데, 바로 '혜화칼국수'다. 변변한 간판도 없고 안이 들여다보이지
않는 문이 달랑 나 있는 것이 성북동의 국시집과 비슷한 분위기다.
둘 다 가게를 하려고 지은 건물이 아니기에 간판을 크게 내려 해도
낼 수 없었을지도 모른다.

8월 삼복더위답다. 잠시 걸었을 뿐인데 등줄기로 땀이 흐른다.
끼니때가 되면 손님들이 줄을 서서 먹는 곳인데, 손님이 그리 많지
않다. 냉면은 햇메밀이 나오는 겨울에 먹어야 제맛이듯, 칼국수는

햇밀이 나오는 더운 여름에 먹어야 제맛인 음식이라 하였다. 제철의 의미가 점점 희박해지니, 이제 냉면은 여름, 칼국수는 겨울이 제철인 음식이 되었다.

"경상도식이에요. 밀가루에 콩가루를 5퍼센트 정도 섞어서 반죽을 하죠. 경상도에서는 콩가루를 섞어 반죽하는데 아마 영양적인 면에서 그런 게 아닌가 싶어요. 경상도분들은 좋아하시는데, 서울이다 보니 입맛에 맞지 않는 분도 계시죠. 그래서 예전에 비해 콩가루 함량을 낮추었어요. 반죽을 하룻밤 숙성시키고 가늘게 썰어 내죠. 예전에 저희 어렸을 때는 맹물에 간만 맞춰 끓여 먹곤 했는데, 사골과 양지머리로 육수를 내니깐 맛도 영양도 좋죠." 혜화칼국수 박명순 사장(60)의 말이다. 1979년에 박 사장의 시이모가 처음 장사를 시작했는데, 1991년부터 시이모의 뒤를 이어 그녀가 혜화칼국수의 맛을 내고 있다.

진한 육수에 끓여 낸 면발 위에 파릇한 애호박채와 고기 고명이 올라 있다. 국시집과 그리 다르지 않다. 부드럽고 가는 면발에서 도톰한 칼국수 면에서는 느낄 수 없는 순한 맛이 두드러진다. 부드러운 면발이 육수의 깊은 맛과 함께 입안에서 녹아든다.

"비가 오거나 눈이 오거나 날씨가 꾸물꾸물할 때 그리고 찬바람 날 때 손님이 더 많이 오시는 거 같아요. 점심때는 법인카드로 계산하는 직장인들이 많고, 저녁에는 나이 지긋한 예술가, 문인들이 조

허름한 단층건물의 '혜화칼국수'다. 실내도 허름하다.
손님은 다르다. 얼굴을 알 만한 정치 거물들도 가끔 만날 수 있다.

용히 술 한잔하러 자주 찾아오세요." 혜화칼국수도, 국시집도, 술 한잔에 곁들일 수 있는 안주를 내고 있다. 두 곳 모두 경상도의 상징적인 음식인 문어숙회를 낸다. 대표안주는 좀 다르다. 국시집에 생선전이 있다면 혜화칼국수는 '바싹불고기'다. 양념한 불고기를 석쇠에 물기 없이 고실고실하게 구워 참깨를 뿌려 내는데, 불맛이 들어 향미가 좋고 고소하다. 좀 달달하긴 하나 소주, 막걸리, 맥주, 동동주와 두루 잘 어우러진다. 주당들은 술 한잔으로 몸을 풀어준 후 칼국수를 먹는다. 따끈하고 부드러운 칼국수로 속을 달래는 것이다.

술과 안주로 배가 불러도 칼국수 국물 한 방울까지 남김없이 먹는 것이 공들여 육수를 낸 수고에 대한 보답이다. 그릇을 들고 국물을 쭉 들이켠다. 시원하다!

멸치 육수로 끓여도 따끈한 건 마찬가지

"좀 비싸요." 그렇다. 서민들에게 국시집이나 혜화칼국수는 그리 녹록한 곳이 못 된다. 그러나 이 넓은 서울 하늘 아래 5,000원짜리 한 장 들고 뜨끈한 칼국수 한 그릇 할 수 있는 곳이 없으랴.

일단 시장이다. 시장통에 칼국수를 내는 집들이 한두 곳은 있다.

서울 남대문시장 쪽에도 칼국수 골목이 있다. 지하철 회현역 5번 출구를 나와 남대문시장 쪽으로 가다 보면 왼편으로 작은 골목이 있다. 바로 이곳에 칼국수, 수제비, 보리밥 등을 내는 좌판이 열 개 정도 올망졸망 자리를 잡고 있다. "이리 오세요, 맛있게 해 줄게." "이모, 여기 앉아요." 이 골목을 들어서는 순간 구수한 냄새에 휩싸이고, 손님을 잡으려는 억척스러운 소리가 귓가를 때린다. 4,500원에 누군가에게 이렇게 간절한 사람이 될 수 있다니, 행복한 울림이라 생각하자.

한 평도 안 되는 공간에서 아주머니들이 바지런히도 움직인다. 칼국수 뚝딱, 보리밥 뚝딱, 냉면 뚝딱, 도깨비 방망이를 두드리듯 잘도 음식을 만들어 낸다. 탁탁탁 도마를 두들기며 국수를 썰어 끓여 주는 칼국수가 이곳에서 가장 인기 있는 음식이다. 낯선 사람 옆에 앉아 건네받는 플라스틱 그릇의 칼국수에 유부며 김가루가 듬뿍 뿌려져 있다.

면은 투박하고 거칠지만 쫄깃하고, 멸치와 다시마, 무 등을 끓여 낸 육수는 깊은 맛을 내지는 않지만 시원하며 양도 푸짐하다. 밥 먹을 시간도 없이 일하다가 겨우 짬을 낸 시장 사람들의 때늦은 끼니를 해결해 주고, 조금이라도 더 싼 것을 사겠다고 발품을 판 주부들의 허기진 배를 채워 주며, 새벽부터 나와 추위에 떤 배고픈 지게꾼에게 온기를 전해 주기도 하는 따뜻한 음식이다. 이것이 바로 서민들의 칼국수다. 이 골목에서는 칼국수를 시키면 "냉면 맛 좀 보라"며 냉면 담은 그릇을 내주고, 냉면을 시키면 "칼국수 맛을 보라"며 칼국수 담은 그릇을 내준다. 덤, 사람 냄새 나는 시장의 인정이기도 하다.

여기 모여 있는 좌판 중 '세자매'집은 남대문시장을 나갔을 때 가끔 들르는 곳이다. 실제로 세 자매가 함께 칼국수를 만들어 판다. "큰언니가 23년간 여기서 칼국수 장사를 했어요. 그래서 저희들 뒷바라지하고 그랬죠." 세 자매 중 맏이인 김진순 씨(63)가 이곳에서 칼국수를 썰어 두 동생들을 시집보냈고, 수제비를 떠 자식을 대학까지 보냈다. 큰언니 노릇 당차게 해 낸 그녀의 웃음은 밝고 활기차다.

남대문시장만큼 칼국수 인심 좋은 곳이 종로3가에도 있다. 종로3가역 7번 출구로 나와 뒷골목으로 조금만 들어가면 좁다란 골목길에 허름한 식당들이 얼굴을 맞대고 있다. 이곳에도 칼국수 골목이라고 불리는 곳이 있다. 칼국수 골목이라고는 하나 칼국숫집은 두 곳밖에 없다. 45년의 세월을 자랑하는 '찬양집'이 있고, 조금 떨어져 '할머니칼국수'가 있다. 찬양집은 기계로 면을 뽑고 할머니칼국수는 기계로 누른 반대기를 손으로 썬다. 찬바람이 부는 날 골목길을 걷다가 창 너머로 모락모락 김이 피어오르는 육수를 보면 그냥 지나치기가 힘들다. 특히 전날에 술이라도 한잔 걸친 날이면 더

욱 그렇다. 조개, 미더덕, 새우 등 해물을 듬뿍 넣어 개운하고 시원한 맛을 내는 찬양집의 육수는 주당들에게 인기다.

칼국수 한 그릇에 20원 하던 1965년에 문을 연 찬양집은 오래된 단골이 많다. 근처 노점에서 장사를 하는 아저씨가 혼자 들어와 한 그릇 뚝딱 비우기도 하고, 가난한 젊은 음악가들이 몰려와 한 그릇 시원하게 비우고 가기도 한다. 조개를 듬뿍 담아 주는 그 씀씀이에 손님들은 이곳을 찬양한다. 구수한 멸치 육수로 맛을 낸 할머니칼국수는 고르지 못한 면발이 더 정감이 가는 곳이다.

시간이 켜켜이 쌓여 있는 서울의 뒷골목에서, 활기찬 시장통에서, 칼국수를 후루룩 삼키며 서민의 맛을 느낀다.

5

마포 돼지갈비

자욱한 연기 속에 풍겨 나오는 갈비 냄새, 담배 냄새, 술 냄새
그리고 취객들의 떠드는 소리. 삼삼오오 어우러져 시끌벅적하다.
돼지갈비는 신문지로 도배한 벽 앞에 놓인
드럼통 식탁에 둘러앉아 먹는 것이 제격이다.
드럼통 식탁은 물자가 부족했던 시절 미군에서 흘러나온 드럼통을 세우고
가운데에 구멍을 뚫어 연탄화덕 등을 넣을 수 있게 개조한 것이다.
1960~70년대 대폿집의 상징이기도 하다.
그때 그 시절에는 현실이었지만 지금은 추억이다.

대포 한 잔에 뼈에 붙은 살 한 점

한국전쟁 직후인 1954년, 경상북도 경산시 용성면 출신인 최한채 씨는 차비만 가지고 상경한다. 무일푼과 다를 바 없던 그는 오물 수거, 지게꾼, 신문 판매, 좌판, 아이스케키 장사, 식당 잡일 등 닥치는 대로 일을 했다. 2년 후 최씨는 아내와 함께 드럼통 3개를 들여놓고 돼지고기를 안주로 내는 대폿집을 차리는데, 바로 '마포진짜원조최대포'(이하 '최대포')이다. 최씨가 대폿집을 낸 곳은 지금의 공덕시장 부근. 당시 마포구 공덕동 한흥시장(현 공덕시장) 부근에는 색싯집 골목으로 유명한 일명 '텍사스 골목'이 있었다. 이곳에 돼지갈비, 양곱창, 염통을 파는 '유대포집', 쇠갈비와 돼지갈비를 파는 '광천옥' 등 갈비와 함께 술을 내는 대폿집이 몇 군데 있었다.

당시에는 돼지갈비구이가 사람들에게 익숙한 음식이 아니었다.

고기구이 하면 으레 쇠고기구이나 쇠갈비를 생각했으며 돼지고기
는 삶아 내는 수육이나 찜 정도를 떠올릴 때였다. 최씨는 부위와
양념을 잘 쓰면 쇠고기에 비해 값싸고 맛나게 구워 먹을 수 있는 게
돼지고기라고 생각했다. 그중에서도 양념구이에는 암퇘지의 앞다
릿살이 좋고 소금구이에는 목잡부가 가장 좋다는 것을 알게 되었
다. 목잡부란 돼지의 목에서부터 앞다리 끝까지를 가리키는 부위
로, 지금까지 '최대포'는 그 부위를 고수하고 있다.

처음에야 고기 어느 부분이 좋은지도 몰랐지. 관찰력이 빠르고 하니
까 고기가 돼지고기 중에도 부두마리라는 게 제일 좋은 걸 알았지.
고기 장사하는 사람들 속어가. 부두마리는 암퇘지로서 100근에서
120근 나가는 고기, 고런 종류의 고기를 부두마리라 그래. 그리고
그 이상 되면 따통이라 그랬고. 굉장히 고기가 많다는 소린데 크고
살찐 돼지를 따통이라 그러고 또 걸구. 수퇘지나 늙은 돼지의 고기
를 걸구라고 해. 그래서 부두머리 고기가 제일 맛있고 그중에도 불
갈비를 할라 그러면 앞다리 고기가 제일 맛있어.

— 최한채 자서전 《역경을 넘어 성공으로, 마포진짜원조최대포》 중에서

'최대포'의 역사, 자서전에 담기다

최씨의 자서전에 의하면 초창기에는 "고기는 이익이 안 남고 술로 전부 보충을 했다"고 한다. 당시에는 2홉들이 합성소주가 아니라 '다루'라고 불리는 한 말 반(30리터)들이 소주 항아리가 있었다고 한다. 이 소주 항아리를 받아서 주전자에 소주를 담아 팔거나 병에 넣어 파는 게 이문이 좋았다는 것이다.

지금 갈빗집이라 하면 술집보다는 고깃집이라는 이미지가 강하다. 하지만 과거에는 쇠갈비구이가 선술집의 대표안주였다. 보통 갈비 한 대에 얼마 하는 식으로 값을 치르며 술 한잔에 골라 먹을 수 있는 안주였던 것이다. 초창기 '최대포'도 지금처럼 1인분의 개념으로 돼지갈비를 판 게 아니라 돼지갈비 한 대를 기준으로 팔았다. 당시에는 집에 가기 전에 소주나 막걸리 한잔하려는 막노동 인부들이 많이 찾아들었는데, 돈이 없는 사람들을 위해 갈비 한 점씩 팔기도 했다. 1963년에는 고기 한 점에 5원, 막걸리 한 잔에 5원, 소주 한 잔에 5원을 받았다. 당시 손님들은 "여기, 소주 두 병하고 갈비 너댓 대 올려 주시오"라고 주문을 했을 것이다.

1960년대가 되면서부터는 퇴근길에 술 마시러 오는 사람과 고기 먹으러 오는 사람이 비슷해지고 가족 손님도 생기기 시작했다. 손님들이 많아지니 부부의 일도 고되어졌다. 밤새는 날이 많아졌고,

93

집에 들어오면 통행금지 시간이 지났다. 잠도 제대로 못 잔 채 통금이 풀리자마자 고기를 구하러 남대문시장으로 향했다. 단골 정육점에 고기를 주문해 놓고 부부는 근처 식당으로 가 해장국을 한 그릇씩 먹었다. 그러고는 고기를 들고 버스를 타곤 했는데, 너무 피곤해 깜빡 잠이 든 부부가 공덕동에서 내리지 못하고 두세 정거장을 지나 내리는 일도 종종 있었다.

가진 것 없이 맨손으로 시작했지만 가게는 점점 번창해 어느새 마포 돼지갈비를 대표하는 대폿집으로 알려졌다. 그런데 이제 좀 살 만하다 싶었을 때, 동고동락하던 아내가 1989년에 60세도 채 되지 않은 나이로 갑자기 세상을 떴다. 고생만 하다 간 아내를 애달파하던 최한채 씨는, 2010년 봄날 평생의 희노애락이 어려 있는 대폿집 '최대포'와 영원한 작별을 하고 아내 곁으로 갔다.

그는 세상을 떠나기 4년 전 자서전을 남겼다. 마포의 대표음식이 된 돼지갈비에 얽힌 기록도 남기고 싶었고, 돼지갈비와 함께 해 온 자신의 인생 이야기도 풀어내고 싶었다. 좀처럼 용기가 나지 않아 미루어 왔지만 건강이 나빠지면서 마음이 급해졌다. 2005년 2월부터 4개월간 입원해 있던 요양원에서 최씨가 구술한 내용을 정리해 2006년도에 비매품으로 발간한 것이 《역경을 넘어 성공으로, 마포진짜원조최대포》라는 제목의 자서전이다. 188쪽의 작은 책자는 드럼통 3개로 시작해 수백 평 규모의 돼지갈비 전문점으로 성장한

'최대포'의 역사와 '최대포'와 함께 해 온 최한채 씨의 일과 삶 그리고 가족의 이야기를 소박하게 담고 있다.

음식 취재를 하다 보면 음식과 관련된 세세한 기록이 부족한 것을 느낄 때가 많다. 최한채 씨의 자서전은 음식생활사에서, 서울의 역사에서 귀중한 자료이다. "마포 돼지갈비의 기록이기도 하고 한 집안의 기록이기도 하죠. 보잘것없어 보이지만 가족들에게는 가보와 같은 책입니다." 현재 '최대포'를 운영하고 있는 김일구 대표(55)의 말이다. 창업자 가족들은 전문경영인인 김일구 대표를 영입해 이곳의 운영을 맡기고 있다.

지하철 5호선 공덕역 4번 출구에서 나와 좁다란 골목길로 꺾어지면 바로 허름한 건물의 '마포진짜원조최대포'가 나온다. 수백 평 규모의 고깃집으로 성장했지만, 대폿집이라는 이름을 버리지 않듯 서민적인 옛 분위기가 그대로이다.

대폿집의 '대포'는 大匏(큰 대, 바가지 포)로 큰 잔을 의미한다. 저렴한 안주에 큰 잔, 즉 막걸리를 마실 수 있는 선술집이 바로 대폿집인 것이다. 한국전쟁 이후에 생겨나기 시작했고, 1960~70년대에는 골목마다 대폿집 간판이 즐비했다. 서민에 밀착했던 대폿집은 나중에는 막걸리보다는 소주를 팔게 되다가 1970년대 후반부터 서서히 그 자취를 감추기 시작한다.

'최대포', 최씨 성을 가진 주인장이 하는 대폿집이라는 알기 쉬운

이름이다. 그러나 그것만이 아니다. 최한채 씨는 '최대포'의 한자에 다른 의미를 부여했다. 최고 최, 큰 대, 쌀 포를 써 '최대포催大包'이다. 즉 '먹을 것이 한없이 많다'라는 뜻으로, '이곳에서라면 걱정 없이 마음 놓고 먹을 수 있다'라는 마음을 담은 것이다.

'최대포'의 문을 열고 들어갔다. 자욱한 연기 속에 풍겨 나오는 갈비 냄새, 담배 냄새, 술 냄새 그리고 취객들의 떠드는 소리. 삼삼 오오 어우러져 시끌벅적하다. 돼지갈비는 신문지로 도배한 벽 앞에 놓인 드럼통 식탁에 둘러앉아 먹는 것이 제격이다. 드럼통 식탁은 물자가 부족했던 시절 미군에서 흘러나온 드럼통을 세우고 가운데에 구멍을 뚫어 연탄화덕 등을 넣을 수 있게 개조한 것이다. 1960~70년대 대폿집의 상징이기도 하다. 그때 그 시절에는 현실이었지만 지금은 추억이다.

낡은 양은그릇에 담긴 세월의 맛

드럼통 식탁 위에 양념갈비와 무절임 그리고 상추, 마늘, 초고추장 등을 담은 양은 냄비가 놓인다. "기본 상차림은 예나 지금이나 거의 비슷하죠. 상추는 처음에는 내지 않았다고 하는데, 다들 가난할 시절이니까 배불리 먹는 게 중요했지요. 그래서 최한채 사장님이 포만감을 주는 상추를 함께 내기 시작했다고 합니다." 김일구 대표가 상추에 관해서 재미난 이야기를 풀어낸다.

> 첨에는 상추 쓰는 것도 몰랐어. 그럼 그때는 고기하고 마늘하고 술만? 그렇지 고추장을, 초고추장을 쓰는 사람이 있고 그냥 고추장을 쓰는 사람이 있었는데 나는 첨부터 초고추장을 썼지. 그러니까 맛이 더 낫고 부드럽고 달콤하면서 새콤하고 맛이 더 좋았지. 차차 고기 소비량이 많아지면서 상추도 쓰고. 안 쓰다가 쓰게 되니까 다 같이 쓰게 된 거지.
>
> — 최한채 자서전《역경을 넘어 성공으로, 마포진짜원조최대포》중에서

상추쌈의 역사는 길고 그에 대한 문헌도 적지 않다. 그러나 구운 고기를 상추에 싸 먹었다는 기록은 그리 흔치 않다. 요새는 상추쌈이 늘 고기와 함께 먹는 것으로 정착되어 언제부터 고깃집에 상추가 나왔는지 의문조차 품지 않았다. 김일구 대표의 말에 의하면, 고기와 함께 상추를 내기 시작한 곳이 '최대포'이며 그 시기는 1960년대 말에서 1970년대 초라는 것이다.

1974년 9월부터 이듬해 9월까지《경향신문》에 연재된 신상웅의 소설 〈배회〉에는 돼지갈빗집이 자주 등장한다. 다음은 을지로6가 계림극장 맞은편에 있던 돼지갈빗집을 묘사한 장면이다.

이쪽의 주문도 없이 찧은 날파와 마늘과 고추장과 김치 등속을 이글거리는 숯불과 함께 날라 오고 이내 널따란 갈비가 치직거리며 타기 시작했다.

단편적인 묘사지만 이곳에서 돼지갈비와 함께 차려 나온 찬으로는 찧은 날파와 마늘, 고추장, 김치뿐이며 상추는 빠져 있다. 고깃집에서 고기를 상추에 싸 먹는 것은 우리가 생각하는 것보다 그리 오래되지 않은 식습관일지도 모른다. 북한전통음식문화연구원 대표인 탈북여성 이애란 씨는 자신의 저서《북한식객》을 통해 북한에서 상추를 '부루'라고 하는데 고기구이를 부루에 싸 먹지 않으며 한국에서 부루에 고기를 싸 먹는 것을 처음 보고 그 모습을 신기해했다고 전하고 있다. 미루어 추측하건대 최소한 한국전쟁이 일어나기 전에는 고기를 상추로 싸 먹는 일이 일반적이지 않았을 것이다.

갈비 한 점을 올려 굽기 시작한다. 양념이 타는 고소한 향이 연기를 타고 올라온다. 양념한 돼지갈비를 굽는 일은 여간 까다롭지 않다. 일행과 이야기할 때에도 고기에서 눈을 떼지 말아야 한다.

"양념에 신경을 쓰고 있어요. 계절이나 날씨에 따라 맛을 조절해요. 햇마늘이 나올 때면 고춧가루를 덜 써야 되고, 간장도 계절에 따라 염도를 달리해야 돼요. 그래야 더 좋은 맛을 낼 수 있죠." 김일구 대표가 창업주 때부터 내려오는 비법을 전한다. 고기양념에 생강을 안 쓰는 것도 창업주 때부터의 비법이다. 많은 사람들이 돼지고기 냄새를 없애기 위해 양념에 생강을 쓰는데 '최대포'에서는 생강을 전혀 쓰지 않는다. 생강은 날것으로 먹을 때는 향취와 맛이 좋으나 익히면 오히려 퀴퀴하거나 텁텁한 맛을 낸다는 창업주의 경험에서 나온 것이다.

김 대표가 쿠킹포일을 씌운 낡은 양은그릇 하나를 조심스럽게 보여 준다. 언뜻 보기엔 국그릇의 모양새이다. "이게 처음 가게를 열 때부터 사용하던 60년 된 그릇이에요. 그냥 그릇이 아니에요. 이곳의 맛을 내는 양념 계량의 단위가 되었던 그릇이죠. 닳고 닳아서 구멍이 난 그릇을 쿠킹포일로 때우고 때웠지요." 고물 장수도 달가워하지 않을 정도로 낡은 그릇이지만, 이곳의 맛이 고스란히 담겨 있어 값을 매길 수 없는 물건이다. 이 그릇으로 양념에 들어갈 간장을 가늠하고 설탕을 가늠했다.

여자 손님들이 고소하고 달달한 돼지갈비를 선호한다면 남자 손님들은 굽기가 수월한 소금구이를 선호하는 편이라고 한다. 소금구이는 초벌양념을 해 하루 숙성시킨 목살에 굵은 소금을 뿌려 낸다. 센 불에 빠르게 구워 먹어야 가장 맛있다. 소금구이는 예전에는 '시오야키'라고 불렀는데, 굳이 일본어를 쓸 필요가 있을까 싶어 1960년대부터 '소금구이'로 바꿔 부르기 시작했다고 한다.

"아주머니, 돼지갈비 2인 추가 그리고 소주 한 병!" 넥타이를 헐

마포 돼지갈비는 드럼통을 고수하는 데가 많다. 옛 시민 생활의 정취를
유지하기 위한 것이다. 이제 드럼통 안에 연탄은 없고 가스를 쓴다.

렁하게 풀어헤친 남자 손님의 고함소리가 요란하다. 여기서는 웬만큼 목청을 높이지 않고서는 말이 통하지 않는다. 그 요란함이 오히려 정겹다. 모두 고기 한 점, 술 한 잔에 격의가 없어진다. 직장 상사에게 속내를 내뱉기도 하고 몇 번의 건배와 어깨동무로 스트레스를 풀기도 한다. 서민들의 애환을 담으며 추억을 쌓아 온 대폿집. 오늘도 그 추억 하나를 더하려는 사람들로 북적거린다.

돼지껍질을 찾는 대폿집 순례

'최대포'에서 마지막 안주는 역시 돼지껍질이다. 최근에 돼지껍질이 인기를 얻고 있어 새롭게 메뉴로 추가하는 고깃집도 있지만, 이곳은 예전부터 껍질로 유명했다.

"여기 돼지껍질은 정말 맛있어요. 이거 먹고 싶어서도 온다니깐요. 양념장에 찍어 먹는 맛이 기가 막히지요! 전 소금구이, 돼지갈비 그리고 돼지껍질 순으로 먹어요. 이곳에 오면 떠들썩한 것이 사는 거 같고, 마시고 얘기하다 보면 답답했던 속이 풀려요." 강남에 직장이 있다는 40대의 여성은 동료들과 일부러 이곳까지 찾아왔다고 한다. 돼지껍질은 원래 안주는 떨어졌는데 술이 남아 있는 손님에게 공짜로 내주던 안주였다. 지금이야 메뉴판 제일 위에 올라

만만치 않은 가격이 매겨져 있지만 예전에는 이곳의 인심이었다. 톡톡 튀는 소리를 내며 구워지는 돼지껍질은 부드러운 듯 씹을수록 쫀득한 맛이 살아난다. 돼지껍질에 소주 한 병이 더 들어간다.

"암퇘지껍질을 안 먹어 봤다면 껍질에 대해서 말을 말아라." 벽면에 붙어 있는 자신감 넘치는 문구가 눈에 들어온다. '최대포'가 암퇘지껍질만을 고집하는 이유는 부드러우면서 찰기가 있어 더 맛있기 때문이다. 콜라겐으로 가득 찬 돼지껍질이 요즘 미용이나 다이어트에 좋다 하여 예전 같으면 기피했을 여성들에게 각광받는 메뉴가 되었다.

마포구 도화동 주택가 골목에 있는 '용마루굴다리껍데기'. 조용히 불빛을 내고 있는 이곳 또한 돼지껍질을 내는 허름한 대폿집이다. 가볍게 초벌구이를 해서 나오는 돼지껍질도 좋지만, 이곳에서는 돼지꼬리구이를 맛보아야 한다. 돼지꼬리가 먹을 게 있을까 싶을 수 있다. 그러나 속단은 금물이다. 양념해 먹기 좋게 자른 뼈 사이사이 살코기도 끼어 있고 껍질도 고들고들해 마치 족발의 껍질을 먹는 듯하다.

"가끔 돼지꼬리에 소주 한잔 마시러 와요. 옛날 장터에 가면 돼지꼬리를 팔곤 했죠. 그때 먹었던 맛이 그리웠는데 서울 하늘 아래 이곳에 있더라구요. 단골 된 지 5~6년 됐어요." 용마루굴다리껍데기가 이름처럼 도화동 철길 굴다리에 있을 때부터 단골이던 손님의 말이다. 최근에는 젊은 손님들도 자주 찾지만 단골들은 대부분 삶이 녹록해 보이지 않는 중년의 아저씨들이다. 몇 개밖에 안 되는 식탁, 혼자 안주를 만들고 술을 내는 주인 아주머니, 어스레한 불빛. 고요한 뒷골목을 지키고 있는 이곳에서 예전 대폿집의 정취와 맛을 본다.

옛날에 돼지껍질은 서비스 품목이었다.
돼지갈비 굽다가 돈이 모자라 불판만 태우고 있으면
주인이 돼지껍질 한 접시 던져 주곤 하였다. 이제는 돈을 받는다.

6

신당동 떡볶이

"그때 음악을 신청하고 디제이를 따라다녔던 단발머리, 양갈래 머리의
여학생들이 이제는 아이 엄마가 되어 아이들과 함께 오지요."
1970~80년대 '고삐리'의 거리였던 이곳은 이제 30~50대의 손님들이
주 고객층이다. 추억을 먹기 위해 이곳을 찾는 것이다.
88올림픽을 기점으로 이곳의 디제이들은 하나둘씩 사라지기 시작했다.
디제이들의 임금 상승으로 유지하기가 힘들었고, 엘피판 대신
시디가 보급되면서 굳이 디제이가 있는 떡볶잇집으로
달려갈 필요가 없어졌기 때문이다.

이제 며느리도 안다

　서울은 면적 605.21제곱킬로미터에, 467개의 법정동으로 이루어져 있다. 그 많은 동 중에 이름만 들으면 머릿속에 어떤 이미지가 떠오르는 동네가 그리 많을까. 그중 한 곳이 신당동이다. 대한민국 어느 동네 어느 골목에 가도 흔하디 흔한 것이 떡볶이지만, 우리는 유독 떡볶이 하면 신당동을 떠올린다.

　그러나 세월을 조금 더 거슬러 올라가면 달랐다. 조선시대 한양을 둘러싼 성곽에는 여덟 개의 문이 있었다. 신당동은 그중 하나인 광희문에서부터 시작된다. 광희문은 서소문과 함께 성 안의 상여喪輿를 밖으로 내보내는 문이라 해서 시구문屍軀門 혹은 성안의 물이 흘러나가는 수구에 있는 문이라 해서 수구문水口門이라고 불렸다. 상여가 나가는 길목은 보통 죽은 자의 명복을 비는 무당巫堂집이 많아 '신당神堂골'이나 '무당골'이라고도 불렸다. 지금의 신당동新

堂洞이라는 이름은 이 '신당골'에서 유래되었다고 한다. 또한 신당동은 쇠망치를 두들기는 소리가 퍼져 나가던 동네였다. 화덕에서 벌겋게 달아오른 쇠를 모루 위에 올려놓고 두드려 칼이며 호미며 낫을 만들어 내던, 또한 무당이 타는 작두를 만들어 내던 대장간이 모인 곳이었던 것이다. 지금도 신당동에는 몇 개의 대장간이 남아 그 흔적을 찾아볼 수 있다.

붉은 소맷자락의 무당, 붉은 불꽃이 튀는 대장간 그리고 붉은 양념의 떡볶이. 그러고 보니 신당동은 붉은빛과 인연이 많은 동네다.

이제 다 아는 마복림 떡볶이의 비밀

대장간의 불꽃만큼 햇살이 작렬하는 날, 신당동 떡볶이 골목을 찾았다. 신당동의 랜드마크인 소방서를 지나 조금 걸어 올라가면 떡볶이 골목이 시작된다. 한창 이곳을 다닐 때에는 입구 오른쪽에 동시상영을 하는 동화극장이 있었다. 지금은 없어졌다.

한 식품광고에서 "며느리도 몰라" 하며 떡볶이 맛을 뽐내던 '원조 마복림할머니'의 떡볶잇집은 자기복제하듯 여러 가게로 늘어났다. 이제 고유명사가 된 신당동 떡볶이의 역사는 1953년부터 이곳에서 터를 잡고 떡볶이를 내던 마복림 할머니의 개인사와 함께한다.

신당동 떡볶이 골목에서 마복림 할머니는 빛과 그늘이라는 양면을 지니고 있다.
마복림 할머니 덕에 신당동 떡볶이가 유명해졌지만, 마복림 할머니 가게로
손님들이 몰리면서 그 옆 가게들은 영업에 지장을 받기도 하였다.
그 외 가게들은 연합전선을 구축하여 이를 극복하였다.

1920년에 전라도 광주에서 태어난 할머니는, 열아홉 살에 남편을 만나 목포로 시집을 갔다. 광복 이후 서울에 올라와 신당동에 정착한 할머니는 남편과 함께 미군 물품 보따리장수를 하기도 했다. 그러다 동화극장 앞에 리어카 좌판을 놓고 가래떡에 고추장양념을 한 떡볶이를 만들어 팔기 시작했다. 장사를 시작할 때만 해도 마복림 할머니의 떡볶이는 여느 떡볶이와 다르지 않았다. 마복림 떡볶이의 비밀병기를 개발하게 된 것은 우연이었다.

1953년 어느 날, 할머니는 지인의 결혼식에 갔다. 결혼식 피로연이 중국집에서 열렸는데, 할머니는 가래떡을 먹다가 놓쳐 짜장면 그릇에 떨어뜨렸다. 그런데 짜장양념이 묻은 가래떡을 집어서 먹어 보니 그 맛이 좋았던 것이다. 할머니는 그 맛을 놓치지 않았다. 그러지 않아도 손님들이 고추장으로 양념한 떡볶이를 맵다고 할 때였다. 할머니는 고추장에 춘장을 섞어 떡볶이를 만들어 보았다. 그 생각은 적중했다. 고추장의 맵고 칼칼한 맛과 춘장의 고소하고 부드러운 맛이 어우러진 그녀의 떡볶이는 손님들의 입맛을 끌어당겼다. "며느리도 모르는" 마복림 떡볶이 맛의 시작이었다.

1978년 동화극장 앞을 흐르던 개천의 복개공사가 시작되면서, 더 이상 떡볶이 좌판을 할 수 없게 되었다. 그러자 할머니는 극장 주변에 있던 자신의 집에서 떡볶이를 만들어 팔기 시작했다. 동화극장 앞의 복개공사가 끝나고 큰길이 생기자 할머니의 떡볶잇집

주변에 떡볶잇집들이 하나둘씩 생기게 된다. 이 무렵 신당동 떡볶이는 또 한 번 모습을 바꾸어 재탄생을 한다. 1970년대 말 프로판 가스가 보급된 것을 계기로 신당동 떡볶이의 특징이라고 부르는 '즉석', 즉 손님이 직접 조리해서 먹을 수 있는 지금의 방식으로 전환한 것이다. 이 또한 마복림 할머니의 떡볶잇집에서 처음 시작한 일이라고 말하는데, 어쨌든 이 떡볶이는 '신당동 떡볶이', '즉석떡볶이'라고 불리고 있다.

1996년 한 고추장회사의 텔레비전 광고에 마복림 할머니가 출연한다. "우리 집 장맛은 아무도 몰러, 며느리도 몰러~"라는 할머니의 말이 그해 최고의 유행어가 되면서 마복림 할머니 떡볶잇집은 신당동 떡볶이 골목에서 명실공히 지존으로 군림하게 되었다.

세월은 변했고, 비밀은 알려졌다. "이제 며느리도 알아요"라고 쓰인 간판 속 익살스러운 문구에서 알 수 있듯이, 할머니의 맛은 며느리들에게 이어졌다. 2011년 12월 마복림 할머니는 91세로 영면했다.

디제이와 함께 하는 떡볶이, 추억을 판다

1970년 말 유신시대의 학교 생활을 다룬 영화 〈말죽거리 잔혹사〉에는 신당동 떡볶잇집을 배경으로, 양갈래로 머리를 땋아 내린

여고생과 남학생들이 어울려 떡볶이를 먹는 장면이 나온다. 색색의 알전구가 반짝거리는 디제이 부스 한쪽에는 장발이 많았던 디제이들의 트레이드마크인 도끼빗이 꽂혀 있고 뒤편에는 엘피판이 꽂혀 있다. "안녕하세요! 안녕하세요! 신당동 떡제비 정진우 인사드립니다. 아줌마, 저 3번 테이블에 떡볶이 사리 하나 갖다 주세요! 남학생들은 별론데, 우리 여학생이 아주아주 예쁘게 생기셨네요." 영화 속 디제이의 느끼한 멘트가 흐르자, 약간의 환호성이 들려온다. 샌드페블즈의 〈나 어떡해〉가 나즈막하게 울려 퍼진다.

당시의 디제이 문화가 부활했다는 '아이러뷰신당동'에 들어갔다. 푸드코트처럼 공간이 넓다. 한쪽에는 디제이 부스가 있고 그 옆 벽면에는 대형스크린이 설치되어 뮤직비디오가 흘러나온다. 오랜만에 보는 디제이 부스다. 그러나 알전구도 도끼빗도 이젠 없다.

낮게 깔린 디제이의 목소리가 퍼져 나온다. 디제이 경력 25년의 김상우 씨다. 스포티한 차림의 그는 2004년부터 이곳에서 디제이를 하고 있는데, 초등학교 1학년 때인 1973년부터 이곳의 떡볶이를 먹으면서 성장한 '신당동 키드'이다. 고교 시절 그의 미팅 장소가 되기도 했고, 때로는 친구들과 모여 몰래 술을 마시는 아지트가 되어주기도 했던 떡볶잇집이다.

"이쪽에 학교가 많았죠. 근처 학교 손님들이 많았는데, 70년대 후반부터 딴 동네에서도 학생들이 모이기 시작했어요. 당시 고교 야구가 인기 좋았지요. 동대문운동장에서 야구가 끝나면 학생들이 걸어서 이곳으로 몰려왔어요. 지금은 없어졌지만, 동대문운동장 주변에는 각종 운동용품 전문점이 많아 운동부 학생들도 많이 모였죠. 그들이 이곳에서 모임을 많이 했어요." 김상우 씨의 말에 의하면, 혈기왕성한 학생들이 모이는 곳이다 보니 남학생들끼리 싸우는 등 이런저런 사고도 많이 났다고 한다. 그래서 밤 10시 이후에는 청소년 출입을 금지하기도 했다. 주말에는 저승사자라 불리는 학생부 교사들이 뜨기도 했고, 집 나간 아들 찾으러 다니는 부모도 쉽게 볼 수 있었다.

"이곳 떡볶잇집에서 디제이를 시작해, 이곳에서 인기를 끌면 서울의 유명한 나이트클럽이나 음악다방의 디제이로 진출하기도 했죠. 디제이의 등용문이라 할까. DJ DOC의 노래 제목이기도 한 '허리케인 박'의 인기가 1980년대 초에는 정말 대단했어요." 김씨는 자신을 디제이의 길로 이끈 신당동 떡볶잇집의 전설을 회상했다. 1978년, 당시 중학생이었던 허리케인 박(본명 박두규, 55)은 부모님이 하고 있던 떡볶잇집 '다사랑'의 디제이가 펑크를 내자 임시로 디제이를 맡으며 데뷔했다. 그 후 '약속', '우리끼리' 등 이웃 떡볶잇집에서도 디제이를 맡으면서 1980년대 신당동 떡볶이의 전성기를 이끄는 한 축이 되었다.

"그때 음악을 신청하고 디제이를 따라다녔던 단발머리, 양갈래

머리의 여학생들이 이제는 아이 엄마가 되어 아이들과 함께 오지요." 주변을 살펴보니, 김상우 씨의 말대로 낮 시간에 아이를 데리고 온 주부의 모습이 군데군데 보인다. 1970~80년대 '고삐리'의 거리였던 이곳은 이제 30~50대의 손님들이 주 고객층이다. 추억을 먹기 위해 이곳을 찾는 것이다. 88올림픽을 기점으로 이곳의 디제이들은 하나둘씩 사라지기 시작했다. 디제이들의 임금 상승으로 유지하기가 힘들었고, 엘피판 대신 시디가 보급되면서 굳이 디제이가 있는 떡볶잇집으로 달려갈 필요가 없어졌기 때문이다.

잠들지 않는 떡볶이 골목

동화극장이 있던 건물 1층에 있는 '아이러뷰신당동'의 공간이 넓은 데에는 이유가 있다. 1996년, 마복림 할머니가 텔레비전 광고에 출연하면서 그 유명세가 하늘을 찌르자 손님들이 다들 마복림 할머니 가게로만 몰렸다. 다른 떡볶잇집으로서는 치명적이었다. 방안을 강구해야 했다. 2002년, 작은 떡볶잇집 일곱 개가 통합해 디제이가 있는 멀티 유흥공간으로 변신을 꾀했다. 바로 이곳이다. 하나의 공간이지만 일곱 명이 공동소유로 운영하고 있다. 일곱 명의 주인은 돌아가면서 가게를 본다.

그곳을 찾은 날은 공동소유자 중 한 명인 조정숙 씨(53)가 가게를 책임지고 있었다. 그녀는 1974년 고등학교를 졸업하고 바로 떡볶잇집을 시작해 지금까지 이어 오고 있다. 떡볶이 장사를 해 동생 셋을 뒷바라지한 것이 그녀에게 큰 보람이다.

"통합하면서 수익이 나기 시작했어요. 예전과 달리 지금은 학생 손님보다 성인 손님이 훨씬 더 많아요. 그래서 분식집이긴 하지만 손님들에게 술도 팔지요." 그녀의 말처럼 신당동 떡볶이가 달라지고 있다. 우선 술이 있다. 떡볶잇집에서 몰래 소주를 마시던 고교 시절이 아득한 중년들이, 이제 떡볶이에 소주를 마시며 그 시절의 향수를 느낀다. 또 한 가지는 24시간 영업이다. '잠들지 않는' 동대문 쇼핑타운이 생기면서 동대문 상인과 쇼핑객들이 늦은 밤에 몰려든 것이 24시간 영업을 하게 된 계기가 되었다.

이렇게 변하고 있는 신당동 떡볶이지만, 변하지 않은 게 하나 있다. 떡볶이의 떡이다. "신당동 떡볶이의 특징이 가래떡이 가늘다는 거예요. 이곳에 있는 가게들이 다 중앙시장에 있는 방앗간에서 가래떡을 가져와요. 가늘어서 양념이 잘 배고 한입에 쏙 들어가죠." 이 가래떡은 쌀이 70퍼센트, 밀가루가 30퍼센트 들어가는데, 밀가루가 들어간 것이 쌀로만 만든 떡볶이보다 덜 퍼지고 쫄깃하다고 한다.

개성 할머니의 간장떡볶이

후라이팬에 기름을 넉넉히 두르고 고명해 놓은 고기를 볶아서 거의 다 익었을 때 밤, 대추, 은행, 표고, 석이버섯을 넣고 볶고 다음에는 흰떡을 넣어서 골고루 고명을 무쳐 볶는데 간이 싱거울 때에 간장과 기름과 물 세 숟가락을 넣고 설탕 두 큰숟가락을 넣어 달게 한후 눋지 않도록 볶아서 접시에 담아 놓는다(이상의 떡볶이는 어린이들과 단 것을 좋아하는 분과 술 안주로 알맞다).

— 동아일보(1958. 12. 27) 기사 '과세용 떡볶이' 중에서

떡볶이라 불리기는 하지만, 우리가 흔히 먹는 떡볶이는 볶아서 만든 음식이 아니다. 아마도 과거 떡볶이라 불린 음식은 위 기사에서 소개한 것과 비슷한 '볶음'의 조리 과정이 있었을 것이다. 기사 속의 떡볶이처럼 호화로운 재료가 들어가지는 않지만, 기름에 볶는 떡볶이를 지하철 3호선 경복궁역 2번 출구 가까이 있는 금천교시장(적선시장) 골목길에 가면 만날 수 있다.

금천교시장은 골목길에 자연스레 만들어진 시장이다. 이곳에 김정연 할머니의 떡볶잇집이 있다. 한 평 남짓한 공간이 전부로, 집이라기보다 좌판이라고 하는 편이 더 맞을 것 같다. 주름진 얼굴, 주름진 손이지만 할머니의 모습은 곱다. 연탄화덕에 지름 30센티미

간장양념으로 번철에 볶는 떡볶이이다.
길거리음식으로 팔리기 시작하였을 때의 떡볶이 형태를 가지고 있는,
가장 고전적인 떡볶이일 것이다. 이제는 귀하다.

터쯤 돼 보이는 번철이 이곳 살림살이의 전부다. 번철 위에는 연갈색을 띤 가래떡이 옹기종기 모여 있다. 2,000원어치 달라고 하니 할머니만의 셈으로 떡무리에서 떡을 떼어 주걱으로 돌려 가며 볶기 시작한다. 이 동작이 바로 '볶기'가 아니던가!

"뭘 그리 묻나! 할 얘기도 없는데. 내 고향이 개성이야. 어렸을 때 명절이 되면 집에서 가래떡 갖고 간장양념 해서 볶아 먹고 그랬어. 그래서 간장양념으로 떡볶이를 해 팔기 시작했지. 국물이 많은 건 떡볶이가 아니여. 그게 뭔 떡볶이여, 떡찌개지."

할머니는 개성에서 옷 공장을 하던 부잣집 딸로 1917년에 태어났다. 자란 후에는 공업사 하는 집안으로 시집가 자식 낳고 유복하게 살았다. 그러나 한국전쟁은 모든 것을 빼앗아 가 버렸다. 서울에 일 보러 나왔다가 전쟁을 만난 할머니는, 다시 고향에 돌아갈 수 없었다. 고향에 있는 세 명의 자식과 뼈를 깎는 생이별을 해야 했을 뿐 아니라 일가친척 하나 없는 서울에서 여자 혼잣몸으로 살아가야만 했다. 손가락에 끼고 있던 반지를 밑천으로 금천교시장에서 장사를 시작했다. 채소도 팔고, 두부도 팔고, 꽃 장사도 해 보았지만 떡볶이 장사가 제일 좋았다. 할머니는 그렇게 60년의 세월을 보냈다.

할머니의 머릿속, 가슴속에는 열한 살, 아홉 살, 일곱 살 난 자식들의 어린 모습이 늘 자리해 있다. 그 그리움에 늘 고만한 나이의 아이들을 볼 수 있게 떡볶이를 만들어 팔았는지도 모른다. 올망졸망 앉아 떡볶이를 씹고 있는 아이들을 보며 할머니는 자식에 대한 그리움을 삭이지 않았을까!

기름에 볶는 떡볶이이되, 조금 다른 떡볶이를 만나러 더 걷는다. 경복궁 옆에 있는 통인시장은 금천교시장에서 걸어서 5분 정도 걸린다. 시장 구경을 하면서 들어가다 보면 시장 중간 정도에 위치한 '원조할머니떡볶이'의 좌판이 보인다. 조리대 한쪽에 초벌볶음을 한 기름떡볶이와 간장떡볶이, 부침 등이 놓여 있다.

떡볶이를 주문하자 이곳에서 30년간 떡볶이를 만들어 판 김임옥 할머니(73)가 초벌볶음을 한 떡을 솥뚜껑 번철에 볶기 시작한다. 양손에 주걱을 쥐고 달라붙는 떡을 요리조리 요령 좋게 굴린다. "볶는 게 쉬워 보여도 쉬운 것이 아니여, 적당히 태워야 하거든. 그게 기술이라구."

고추장양념이 아닌 고춧가루를 이용한 떡볶이다. 고춧가루와 마늘을 기름에 볶다가 떡을 넣고 볶는다. 양념이 타는 매콤한 향이 풍겨 나온다. 겉이 바삭하고 약간의 불맛이 나야 맛있다. 소문 듣고 찾아왔다는 젊은 연인이 재미있다는 듯 떡 볶는 모습을 지켜보고 있다.

5분의 거리를 둔 금천교시장과 통인시장에 '볶는' 조리법의 옛날식 떡볶이가 공존한다. 지난날의 추억을 고스란히 느낄 수 있는 '옛날 떡볶이'가 새로운 추억을 만들고 있다.

통인시장의 기름떡볶이 볶는 모습이다. 간장 대신 고춧가루와 마늘을 넣고 볶는다.

7

용산
부대찌개

"사실은 간식용, 반찬용, 안주용 등으로 쓰이는 고급 소시지가
켄터키프랑크의 주된 제품 목표였습니다.
부대찌개용은 생각도 않았는데 엉뚱한 곳에서 수요가 창출되더군요."
1986년 외국 제품에 별 손색이 없으면서
값이 싸다고 평가받은 켄터키프랑크 소시지가 시판되자
그로부터 2년여간 부대찌갯집의 숫자가 크게 늘어났다는 것이다.
이는 '부대찌개'가 외식 메뉴로 대두되기 시작한 시기를
1980년대 중반 즈음으로 볼 수 있다는 말이다.
물론 그 전에도 서울이나 미군 주둔 지역에 부대찌개,
부대고기를 내는 식당이 없는 것은 아니었지만,
부대찌개가 대중적으로 퍼져 나간 시기는 이때이다.

부글부글 냄비 속에
김치와 햄이 섞이고

50대분들이 주축이 된 모임에서 부대찌개가 화제가 된 적이 있었다. 그런데 부대찌개를 언제 처음 먹어 보았는지에 관해서 각자의 기억이 제각각이었다.

"1978년, 그러니깐 스무 살에 동두천에서 군 생활을 시작했는데, 외박이나 단체외출을 나오면 미군 캠프가 있던 동두천 시내에 나가 목욕도 하고 영화도 보고, 삼겹살, 자장면, 부대찌개를 먹었어요. 그때 처음 부대찌개를 먹어 봤어요. 햄이며 소시지가 귀했던 시절이라 그랬는지 김치가 많고 햄, 소시지가 적었어요. 지금의 부대찌개처럼 햄 종류가 많지도 않았고요. 그래도 다들 냄비에 숟가락 넣어 가며 게걸지게 먹었죠." 대전 출신의 한 분은 부대찌개와의 첫 만남을 군대 생활과 함께 추억했다.

"저는 국민학교 때부터 먹었지요. 아버지가 어디서 얻었는지 퇴

근길에 미제 햄을 가지고 오셨어요. 엄마가 김치를 넣고 끓여 줬죠. 햄을 넣은 김치찌개, 지금 생각하면 그게 부대찌개였던 것 같아요." 부산이 고향인 한 분은 어머니가 스팸을 넣고 끓여 준 김치찌개를 부대찌개로 추억했다. 소금양념을 해서 깡통에 넣은 값싼 미제 고기 가공품인 스팸은 군용물자로 세계 각국 미군기지에 보급되었다. 이 스팸이 뒷거래 등을 통해 주둔 지역에 유통되면서 현지의 음식에 영향을 주었는데, 일본의 대표적인 미군 주둔 지역인 오키나와에서는 스팸라면, 스팸초밥 등이 만들어지기도 했다.

두 분을 제외한 나머지 대여섯 분은 1990년 전후로 부대찌개를 처음 먹어 본 것 같다고 했다.

1990년 《경향신문》에 실린 '부대고기와 뉴욕타임스'라는 제목의 기사는 "얼마 전부터 서울의 음식점 골목에는 부대고기니 부대찌개니 하는 간판이 부쩍 늘어나고 있다"라고 전한다. 한편, 1991년 《동아일보》에 실린 육가공전문가 롯데햄 임종호 과장의 인터뷰 기사를 보면 당시 부대찌개 소비가 증가한 이유가 '돼지고기 위주 국산 소시지(켄터키프랑크 소시지)의 생산'에 있다고 언급하고 있어 흥미롭다. "사실은 간식용, 반찬용, 안주용 등으로 쓰이는 고급 소시지가 켄터키프랑크의 주된 제품 목표였습니다. 부대찌개용은 생각도 않았는데 엉뚱한 곳에서 수요가 창출되더군요." 1986년 외국 제품에 별 손색이 없으면서 값이 싸다고 평가받은 켄터키프랑크 소시지가 시판되자 그로부터 2년여간 부대찌갯집의 숫자가 크게 늘어났다는 것이다.

이는 '부대찌개'가 외식 메뉴로 대두되기 시작한 시기를 1980년대 중반 즈음으로 볼 수 있다는 말이다. 물론 그 전에도 서울이나 미군 주둔 지역에 부대찌개, 부대고기를 내는 식당이 없는 것은 아니었지만, 부대찌개가 대중적으로 퍼져 나간 시기는 이때이다.

부대찌개 하면 이태원, 고암식당

미군기지가 있는 용산 이태원은 미8군 사령부가 인접해 있어 오랫동안 미군문화가 깊숙이 자리 잡고 있는 곳이다. 부대찌개의 태생을 밝히고자 한다면 가장 맞아떨어지는 곳이리라.

가을비가 촉촉이 내린다. 얼큰한 부대찌개에 소주 한잔하기 좋은 날이다. 해가 질 무렵, 해밀턴호텔의 뒷골목을 돌아 '고암식당'을 찾았다. 이태원의 화려한 네온사인과 달리 동네 식당 같은 서민적인 분위기를 내고 있다.

한쪽에 자리를 잡고 앉으니 곧바로 식탁 위 가스불에 넓적한 냄비가 놓인다. 햄, 소시지, 김치, 콩, 당면, 라면사리를 품은 넉넉한 멸치 육수가 보글보글 끓기 시작한다. 뒤쪽 자리에서 "오이시(맛있

다)!", "가라이(매콤하다!)" 하는 중년 일본 여성들의 조용한 감탄사
가 연신 들려 온다. 부대찌개는 일본 사람들이 쉽게 친밀감을 느낄
수 있는 한국음식 중의 하나이다.

이 집의 부대찌개 맛은 칼칼하고 시원하면서도 햄과 소시지에서
나온 감칠맛이 맴돈다. 예전이나 지금이나 멋 부리지 않은 맛이다.
목을 타고 내려가는 쌉싸름한 소주와 환상적인 호흡을 보인다. 부
대찌개에는 역시 소주다.

옆자리에는 30대 후반으로 보이는 부부가 초등학생 아들 둘을
데리고 와 저녁식사를 하고 있다. 햄과 라면을 두고 아이들 간의 쟁
탈전이 일어나자 엄마가 조율에 나선다. "그만해, 햄사리 하나 더
시킬게." 싼값에 밥도 먹으면서 술 한잔하려는 아저씨들의 메뉴였
던 부대찌개가 이제 가족의 외식 메뉴가 되었다.

식탁 위 부대찌개의 국물이 졸자, 아주머니가 육수를 더 부어 준
다. 다시 부대찌개가 끓기 시작한다. "아줌마, 여기 소주 한 병 더!"
라고 외치고 만다.

동서화합? 바다식당의 존슨탕

이태원의 부대찌개 하면 많은 사람들이 떠올리는 곳이 또 하나

있다. '바다식당'이다. 이곳도 큰길 뒷골목에 있다. 단층건물에 바다식당이라고 쓰인 간판이 자그마한 게, 식당이라는 것을 쉽게 알수 없다. 자칫하면 그냥 지나칠 수 있다. 횟집에 어울릴 이름이지만 '존슨탕'이라는 이름의 부대찌개를 내는 식당이다. 지금이야 존슨탕, 티본 스테이크, 소시지, 바비큐 메뉴밖에 없지만 예전에는 고급 생선찜 메뉴도 있었던 까닭이다.

"사람들은 존슨탕을 그냥 부대찌개라 하지만 부대찌개와는 달라요. 1966년 존슨 대통령이 한국을 방문하던 해에 식당을 열었지요. 그 인연도 있고, 동서양을 아우르는 탕이라는 의미에서 존슨탕이라고 이름 지었죠." 창업주인 언니에게 가게를 이어받아 30년 넘게 이곳을 지켜 온 안명숙 씨(67)의 말에서는 '부대찌개와는 격이 다르다'라는 자부심이 엿보인다. 주방은 손님들에게 그대로 노출되어 있고 안씨는 주방 가스불 앞에서 직접 찌개를 끓인다.

무려 미국 대통령의 이름을 붙인 존슨탕은 여느 부대찌개와 무엇이 다를까? 안명숙 씨는 양지머리와 사골을 하루 종일 푹 고아 육수를 낸다. 냄비에 햄, 소시지, 쇠고기, 양배추, 감자 등을 담고 육수를 부어 끓이는데, 마지막에 채썬 파와 홍고추, 청고추를 웃기로 올리고 노란 슬라이스 치즈 세 조각을 삼발이 모양으로 얹어 낸다. 여느 부대찌개와는 달리 김치 대신 양배추가 들어가는 것이 가장 큰 특징이다. 또 하나의 차이라면 손님이 식탁에서 직접 끓이지 않

이태원 바다식당의 부대찌개와 소시지구이이다. 바다식당 창업자는
독일 이민 생활을 하면서 끓여 먹던 찌개를 식당에 내었다 한다.
김치 대신 양배추가 들어가고 치즈를 얹어 가끔 느끼하다는 손님도 있다고 한다.

고 주방에서 다 끓여 내온다는 것이다. 부대찌갯집에서는 일반적인 라면사리 같은 것은 없다.

"파, 마늘, 고춧가루 정도만 들어가고 다른 양념은 안 해요. 햄, 소시지 등에서 짠맛이 나오기 때문에 그것으로 간을 맞추죠. 그래서 어느 정도 끓일 것인지 불 조절 타이밍이 중요하죠. 쉽게 보여도 아무나 할 수 있는 게 아니에요." 가스불을 조절하는 손길에 연륜이 묻어나는 안씨의 말이다.

냄비 안의 치즈가 녹기 시작한다. 휘휘 저어 한 숟가락 떠먹는다. 육수와 햄, 채소 등이 어우러진 국물 맛이 깊고 감칠맛이 난다. 치즈의 고소함이 있으나 그리 느끼하지는 않다. 가난하던 시절, 미국물 좀 먹은 부잣집 밥상을 받은 느낌이다. "30~40년 전, 존슨탕은 고급음식이었어요. 가격도 싼 편이 아니었죠. 그래서 부유층이나 정치인, 연예인, 기업인 같은 돈 있는 손님들이 많았죠. 그 당시만해도 이색적인 음식이었거든요. 요즘은 젊은이들도 많이 오죠. 워낙 입맛이 서구화되어 있어 맛에 금방 적응을 하는데, 시골에서 올라온 손님들 중에는 느끼하다고 하는 분도 계세요."

미군부대의 잔반으로 만들었다는 부대찌개의 태생이 용납되지 않는 사람들, 미국문화를 신봉하던 있는 사람들의 욕구가 만들어낸 부대찌개의 아류가 존슨탕은 아닌지!

군대 간 남자친구를 그리며 먹는다?

"이번 테마는 부대찌개입니다." 서울의 맛과 멋을 소개하는 일본 텔레비전 프로그램의 촬영 팀에게서 연락이 왔다. 색다른 부대찌갯집을 소개하고 싶다는 것이었다. 그중 한 곳이 경의선 신촌역 앞에 있는 '쫄병부대찌개'였다. 군부대를 주제로 한 실내 분위기와 영화 〈엽기적인 그녀〉의 촬영 장소라는 것이 일본에서까지 화제를 모았던 곳이다.

가게 간판에 쓰여 있는 '동작 그만 신고합니다'라는 구령에 배시시 웃음이 나온다. 군대 소품이며 표어, 구령 등이 소소한 재미를 만들어 낸다. 부대찌개라는 메뉴는 다른 부대찌갯집과 다르지 않지만, 고참이니 쫄병이니 계급을 붙여 부르는 게 색다르다. 부대찌개의 '부대'가 잔반이나 PX 물품이 밀반출되던 '미군부대'에서 한국 남자라면 추억 하나쯤 갖고 있는 '한국군부대'로 옮겨 간 모양이다. 쫄병부대찌개 사장에 의하면 남자친구를 군대에 보낸 여학생들이 남자친구를 생각하며 이곳을 찾는 경우도 있다 한다. 그들에게 부대찌개는 군대에서 훈련받는 남자친구를 그리는 애모의 음식이다. 점심시간이 되자 대학가답게 젊은 손님들이 삼삼오오 모여든다. 그중에 여자 손님들끼리 온 일행도 꽤 된다. 혹 쫄병인 '내 남자친구'를 그리기 위해서 온 것일까?

"군대 가기 전에 어울려 먹는 찌개라서 부대찌개라면서요?" 일본인 촬영 디렉터가 어디선가 들었다면서 묻는다. 금시초문이다. 미군부대의 잔반과 부대찌개에 대해 말해 주었다.

홍익대 정문 앞에 위치한 '서병장대김일병'은 이름부터 사람들의 시선을 끈다. 주인장들의 성을 따서 군대의 계급을 붙인 것은 부대 (군대)를 연상시키려는 계산일 것이다. 이곳은 부대찌개가 아니라 부대볶음을 내는 곳이다. 흔히 부대찌개의 원조라 불리는 의정부의 부대찌개가 원래 부대볶음에서 시작되었다는 설이 있는데, 이곳의 부대볶음도 의정부의 부대볶음을 본떠 만든 메뉴이다.

서병장대김일병의 실내는 흡사 카페를 닮았다. 햄, 소시지 등의 부대찌개 재료에 육수를 붓는 대신 숙주를 푸짐하게 올린 냄비를 가스불에 올려 4분 정도 끓인다. 시간을 정확히 재기 위해 식탁마다 놓인 타이머를 맞춘다. 삐익삐익 타이머가 울어대면 주걱으로 골고루 섞어 준다. 그리고 1분 더 끓여 주면 주인장이 가장 이상적이라 추천하는 부대볶음의 맛이 완성된다. 육수를 넣지 않으나 숙주에서 나온 국물이 자작하게 고인 것이, 볶음이라고는 하나 역시 국물이 졸아든 찌개의 모습이다.

해가 질 무렵, 수업이 끝난 대학생들과 업무가 끝난 직장인들이 한꺼번에 몰려든다. 실내 인테리어만큼 손님들도 깔끔하다. "보통 부대찌개 국물 맛은 칼칼한데 여기 부대볶음은 채소에서 생긴 국물이라서 그런지 맛이 개운하고 담백해요. 국물이 많지 않고 짜지 않아 몸에도 좋을 것 같고. 부대찌개보다 나은 것 같아요." 남자친구와 같이 온 20대 여성은 이곳이 퍽 마음에 드는 모양이다. 손님들은 대부분 술을 마시기보다 식사를 하기 위해 이곳을 찾는다.

세상은 변해 가고 새로워진다. 부대찌개도 마찬가지다. 세대에 따라 부대찌개의 추억도, 즐기는 방식도, 선호하는 맛도 달라지고 있다. 부대찌개 변화의 중심은 의정부도 동두천도 평택도 송탄도 아닌, 바로 서울이다.

8

장충동 족발

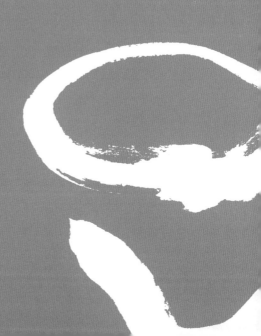

텔레비전을 통해서 프로레슬링을 보던 나와는 달리,
발 디딜 틈 없을 정도로 체육관을 가득 채우고
시합을 직접 관람하던 관중들이 있었을 터.
경기가 끝난 후 아직 열기가 식지 않은 발그레한 얼굴로
삼삼오오 관중들이 체육관 밖으로 빠져나온다.
시합에 이기면 이겨서, 지면 져서 집으로 발길을 돌리기가 허전했을 그들은,
긴장과 흥분 그리고 응원으로 인해 배도 출출했을 것이다.
"목이 타는구만, 쐬주 한잔하고 가세."
그들이 향한 곳이 체육관에서 을지로 방향으로
100미터 안팎에 있는 '장충동 족발 골목'이다.

서울 어디에서도 장충동의 이름으로

전후 격동기라 할 수 있는 1960~70년대, 이렇다 할 대중오락이 없던 그때 프로레슬링의 인기는 그야말로 하늘을 찌를 듯했다. 시합이 있는 저녁이면 흑백 텔레비전이 있는 곳으로 사람들이 한 명 두 명 모여들기 시작했고, 동시에 서울의 거리가 휑해졌다. 특히 '한일 간의 자존심 대결', '숙명의 대결'이라는 수식어가 붙은 박치기 왕 김일과 당수의 귀재 안토니오 이노키의 시합은 당시 전 국민을 흥분의 도가니에 빠지게 하는 최고의 흥행카드였다. "아, 드디어 김일 선수의 박치기가 시작됐습니다." "이노키가 휘청거립니다."

시합 장면을 직접 보지 못하고 눈을 가린 채 발을 동동 구르다 중계 아나운서의 박치기라는 흥분된 목소리에 손을 겨우 떼고 "김일, 김일" 하며 소리를 지르던 여자아이의 모습이 스쳐 지나간다.

쇼냐 스포츠냐 말도 많고 탈도 많은 프로레슬링이었지만, 김일의 박치기는 어려웠던 시절 서민들의 고단한 삶에 활력과 희망을 주는 엔돌핀이었다.

"세계 프로레슬링 헤비급 챔피언 벨트를 찬 김일 선수, 장충체육관은 감동의 도가니입니다." 사각의 링 위에 철벽처럼 서 있던 강대국의 선수들이 김일의 박치기에 쓰러지던, 그래서 사람들에게 희망의 메시지를 던지기도 했던 그 감동의 현장이 바로 남산 기슭에 자리 잡은 장충체육관이다.

장충체육관은 1963년, 당시 우리보다 기술력이 높았던 필리핀의 기술 지원을 받아 국내 처음으로 돔 형태의 건물로 세워졌다. 1963년 당시의 눈으로 보면 최첨단 설계의 체육관이 틀림없다. 프로레슬링을 비롯해 농구, 배구, 권투 등 수많은 실내스포츠가 치러졌을 뿐만 아니라 대통령 취임식, 미스코리아 대회, 정당 행사, 마당놀이, 콘서트 등 각 분야의 행사가 이곳에서 치러졌다. "장충체육관에서 전합니다"라는 말과 함께 서울 시민, 나아가 전 국민과 희로애락을 함께해 온 상징적인 장소이다.

세대에 따라 수영복 차림 미녀들의 향연장으로, 꽃미남 오빠들의 농구 경기장으로 장충체육관이 갖는 의미가 다를 것이다. 하지만 나에게 장충체육관은 뭐니 뭐니 해도 흑백 텔레비전 속 프로레슬링의 기억이 가장 강하게 박혀 있는 곳이다.

텔레비전을 통해서 프로레슬링을 보던 나와는 달리, 발 디딜 틈 없을 정도로 체육관을 가득 채우고 시합을 직접 관람하던 관중들이 있었을 터. 경기가 끝난 후 아직 열기가 식지 않은 발그레한 얼굴로 삼삼오오 관중들이 체육관 밖으로 빠져나온다. 시합에 이기면 이겨서, 지면 져서 집으로 발길을 돌리기가 허전했을 그들은, 긴장과 흥분 그리고 응원으로 인해 배도 출출했을 것이다. "목이 타는구만, 쐬주 한잔하고 가세." 그들이 향한 곳이 체육관에서 을지로 방향으로 100미터 안팎에 있는 '장충동 족발 골목'이다.

장충동 족발의 '진짜 원조' 삼인방

족발은 어느 지역이든 시장터에서, 전문점에서, 또는 배달로 쉽게 먹을 수 있는 음식이다. 서울에도 천호동이니 공덕동이니 족발 골목이 여럿 있지만 사람들 뇌리에 자리 잡고 있는 '족발의 메카'는 역시 장충동이다.

원조 논란의 원조답게 '족발의 시조', '원조 1호', '원조의 원조' 등 서로 원조임을 주장하는 화려한 간판들이 변함없이 서로 다투고 있다. 서로 원조임을 내세우는 족발 골목이지만, 50년 안팎의 내공을 갖고 있는 삼인방으로는 '원조장충동할머니집', '뚱뚱이할머니집', '평안도족발집'을 들 수 있다. 족발 말고 세 곳의 공통점이라면 이북에서 내려온 실향민 아낙네에 의해 시작됐다는 것이다.

삼인방 중 '원조장충동할머니집'을 먼저 찾았다. 1960년대 초 이곳에 족발 가게를 낸 전박숙 할머니는 1991년에 76세의 나이로 돌아가시고, 그 후 아들 임철웅 씨 부부가 이곳을 지키고 있다.

토요일 저녁, 족발을 앞에 둔 손님들의 모습이 다양하다. 나들이를 다녀온 듯한 중년의 단체 손님, 어린 자녀를 데리고 온 가족, 젊은 연인, 점퍼 차림의 아저씨들, 족발 하면 도리질할 것 같은 예쁘장한 아가씨들, 텔레비전을 통해 낮이 익은 연예인 등. 그중 군복은 입었으나 아직 앳돼 보이는 아들과 함께 족발을 먹고 있는 중년 부부의 모습이 유독 눈에 띈다.

"아들이 군대에서 휴가 나와 구미에서 서울 구경 왔어요. 아들이 족발을 좋아하는데 서울에 왔으니 장충동 족발을 먹어야 한다고 해서 남산을 들렀다 왔지요." 이등병 아들을 애틋하게 바라보며 어머니가 말한다. "사실 기대를 많이 하고 왔는데, 보쌈김치 같은 게 여긴 안 나오나 봐요." 그녀가 사는 동네의 족발집에선 보쌈김치를 내주는 모양이다. 이등병 계급장을 단 아들은 족발 맛에 승부를 걸어 그렇다면서 어머니를 설득한다. 훈련을 받던 중에 족발이 많이 먹고 싶었다는 그는, 본고장 장충동 족발을 먹었다는 것만으로도 만족스러운 눈치다.

"어머니는 평안북도 윤산 출신인데 해방 후 장충동 56번지에 정착하셨어요. 이곳에 같은 실향민들이 많았어요. 빈대떡, 냉면을 하다가 60년대부터 족발을 내기 시작했죠. 실향민이 먹던 족발이 장충체육관을 찾던 운동 선수들이며 관중들 그리고 근처 동국대학교 학생들이 찾아오면서 입소문이 나기 시작했고 나중엔《선데이서울》같은 잡지에도 실리고 텔레비전에도 나오면서 점차 유명세를 타게 됐죠. 이젠 각지에서 손님들이 와요." 임철웅 씨 말처럼 실향민들이 빈대떡과 족발에 술 한잔하던 선술집들이 각지에서 사람들이 모이는 '족발의 메카'가 된 데에는 지금 리모델링에 들어간 장충체육관의 은혜가 크다. 이젠 서울 사람은 서울 사람대로, 타지 사람은 타지 사람대로 장충동을 족발로 기억한다. 먹을거리에 대한 기억의 힘은 크다.

"80년대 말, 호텔을 나와 장충동 족발을 먹으러 간 적이 있어요. 일본에도 돈소쿠라는 돼지족발이 있는데 색깔이며 맛이 전혀 달라 놀랐어요." 함께 족발을 먹던 일본인 지인이 장충동 족발의 추억을 말한다. 불고깃집(야키니쿠야) 메뉴 중의 하나인 돈소쿠는 흔히 미니족발이라고 하는 부분을 허옇게 삶고 적당히 쪼개서 새우젓과 함께 내준다. 한국 족발과 그 모양새가 다르다.

고향에서 돼지족발을 먹었다는 이북 출신 실향민들의 얘기를 들어 보면, 명절이나 결혼식 때 돼지족발을 삶아서 먹었다고 하나 지금의 장충동 족발과 같은 색은 띠지 않았다 한다. 언제부터 색깔을 입었던 것일까? 그것이 장충동에서 시작된 것일까?

"어머니 말씀으로는 냉면 육수를 내기 위해 마장동 도축장에 고기를 자주 사러 나갔는데, 거의 버리다시피 할 정도로 헐값에 취급되는 돼지족을 보고 고향에서 먹었던 족발이 생각났대요. 중국인 늘이 그걸 갖고 오향족이네 하면서 파는데, 한번 사다가 만들어 팔아도 좋겠구나 싶어서 족발을 만들기 시작했다고 해요." 임철웅 씨의 이야기에 이어 족발을 조리하는 아내가 말을 잇는다. "오향장육의 영향이니 하는데, 저희는 어머니 대부터 기본적인 양념만 했어요. 소금으로 간을 맞추고 파, 마늘로만 양념을 해서 삶아 내죠. 갈색빛을 낸다고 간장, 캐러멜, 커피 등을 넣는다고 하는데, 그런 것 없어요. 많은 양의 돼지족을 삶다 보면 자연스럽게 지금의 색이 나요. 이렇게 얘기하면 믿지를 않는데, 정말 그래요."

그녀의 말로는 많은 양의 돼지족발을 솥에 넣고 서너 시간 정도 삶으면 지금의 족발처럼 연한 갈색이 자연스럽게 돈다고 한다. 그래서 그런가, 이곳 족발의 색은 갈색을 띠지만 진하지 않다. 그녀는 '많은 양'이라는 것을 재차 강조했다.

장충동 한 원조집의 족발이다.
많은 양의 돼지족을 삶으면 자연스럽게 갈색이 돈다고 주인장은 강조한다.

아직 남의 손에 못 맡기는 장국물

'원조장충동할머니집'과 골목 하나를 두고 '뚱뚱이할머니집'이
있고, 그 골목으로 들어가면 막다른 곳에 '평안도족발집'이 있다.
'평안도족발집'의 문으로 들어서자, 왼쪽에 실하게 보이는 족발들
이 푸짐하게 포개져 있다. 주문이 들어오면 아주머니가 나이테를
두른 나무도마 위에 족발을 올려놓고 해체에 들어가는데, 투박하
고 무뎌 보이는 칼로 뼈 사이사이 나긋나긋해 보이는 살집을 잘도
발라낸다. 살을 발라낸 허연 뼈를 스테인리스 접시 가운데에 놓고
반지르르 구릿빛 껍질에 둘러싸인 살코기를 그 위에 얹으면 먹음
직스러운 돼지족발 세팅이 끝난다. 살코기 아래 숨은 뼈의 존재를
몰랐을 땐 그 푸짐함에 깜짝 놀랐지만, 이제는 안 속는다.

식탁마다 동료들과 회식을 온 직장인부터 나이 지긋한 할아버지
그리고 20대의 젊은이들까지 족발을 뜯으며 술 한잔을 하고 있다.
최근에는 여자들끼리 오는 손님도 눈에 자주 띈다. "아버지가 이곳
에서 약주를 하신 날은 가족 생각에 족발을 사 들고 오시곤 했죠.
출출할 때 아버지가 내놓던 그 족발이 얼마나 맛있던지. 자연스럽
게 저도 이곳의 단골이 됐어요." 친구와 함께 온 30대 샐러리맨은
이제는 거동이 불편한 아버지를 위해 족발을 사 들고 간다고 한다.

족발을 한 점 집어 새우젓에 살짝 찍어 씹어 본다. 입안 가득 향

이 퍼지면서 야들야들한 살코기가 사르르 녹아들어 간다. 소주 한 잔이 그립다 싶을 때, 빨간 주름치마에 하늘빛 티셔츠, 하얀 모자를 눌러 쓴 빨간 립스틱의 여인이 문을 열고 들어왔다. 식당 여기저기에 앉아 있던 손님들이 그녀에게 인사를 건넨다. 한눈에 띄는 차림의 그녀가 바로 40년간 '평안도족발집'을 지켜 온 이경순 할머니(81)다.

"장충체육관이 옆에 있어서 레슬링 선수들뿐만 아니라 농구 선수들도 많이 왔지. 신동파, 김동광도 왔지. 허재 알지? 허재는 중학교 시절부터 봤다니깐. 또, 지금은 이사 갔지만 남산에 방송국이 있었어. 그래서 이미자며 연예인들이 많이 왔지. 내로라 하는 정치인들도 여기서 많이 먹고 갔어." 할머니의 단골 자랑이다.

40여 년 전 운수업을 하던 남편의 벌이가 변변치 못하게 되었을 때, 이경순 할머니는 족발집을 하고 있던 손윗동서의 가게에서 일을 하기 시작했다. 30년 동안 동서지간이 사이좋게 가게를 함께 꾸리다 형님이 10년 전에 돌아가시자 지금은 혼자서 가게를 꾸려 가고 있다. 1947년에 평양에서 서울로 온 그녀는 서울여상 출신에 3000미터 스피드 스케이트 선수이기도 했다. 당시를 생각하면 상당한 인텔리 여성이었다. 지금도 그녀에게는 그런 자부심이 보인다. 그런 그녀가 족발을 다듬고 삶아 사람들에게 내는 장사를 해 올 수 있었던 것은 강직함과 실리적인 사고 때문이었으리라.

장충동 족발 골목의 터줏대감 격 가게들에는 불면 날아갈세라 건드리면 다칠세라 모시는 귀한 신줏단지가 하나씩 있다. 족발 삶은 육수를 버리지 않고 식혀서 불순물을 걸러 내고 졸아든 만큼 물과 양념을 보충해 가면서 다시 사용하기를 수십 년간 반복해 온 '장국물'이다. 세월을 차곡차곡 쌓은 만큼 깊은 맛을 내는 장국물이 이곳 족발 맛의 비결이라는 것이다.

평안도족발집의 신줏단지를 '알현하기' 위해 이경순 할머니를 따라 주방으로 들어갔다. 실한 족발들을 격자 모양으로 품은 커다란 가마솥에 장국물이 끓고 있다. "이 장국물이 50년이 된 거야. 진간장에 생강, 마늘, 양파만 넣어 끓인 거지. 다른 거는 넣는 거 없어. 간을 잘 맞춰야 하고, 돼지에서 나오는 기름을 적당히 제거할 줄 알아야 하고, 불조절을 잘 해야 돼. 삶는 일은 남한테 안 주고 내가 직접 하지. 지금은 가스불로 하니깐 편해졌지만 옛날에는 장작불에, 연탄불에 끓였어. 그걸 어떻게 했는지⋯⋯."

할머니가 끓고 있는 장국물이 골고루 밸 수 있도록 큼직한 나무 주걱으로 가마솥의 족발을 고루 뒤적여 준다. 가끔 저어 가며 두 시간 반 정도 삶으면 장국의 진한 맛과 색이 배어들고, 30분 정도 식히면 껍질은 쫀득해지고 살코기는 촉촉하고 부드러워진다. 이제 할머니 연세에는 힘든 작업이다. 그러나 할머니는 좀처럼 손을 떼지 못한다. 커다란 가마솥에 진한 흑갈색을 띤 장국물은 장충동 족발을 즐기는 우리들의 신줏단지이기도 할 것이다.

　삶아 낸 족발을 식히는 바깥쪽 의자에 앉아 할머니가 잠깐 숨을 고른다. 열심히 몸을 움직여 살다 보니 어느새 백발이 되고 관절도 닳아 취미로 즐기던 테니스도 하지 못하게 되었다. "처음 이곳을 시작할 때 빈대떡 한 장에 10원이고 진로소주가 20원이었지. 그랬는데 빈대떡이며 소주가 지금 이 가격이 됐으니 세월이 얼마나 흘러간 거야. 나도 이제 나이가 들었어." 그러나 40년 동안 한길을 열심히 걸어온 그녀의 얼굴에는 '족발에 있어서는 내가 최고'라는 자부심이 어려 있다.

40여 년간 '평안도족발집'은 지켜 온 이경순 할머니.
장국물만은 아직 남의 손에 못 맡긴다.

9

청진동

해장국

이동의 자유를 얻는 새벽 4시. 서울에서 가장 빠르게
도시의 아침을 여는 거리가 바로 해장국을 내는 청진동 골목이었다.
새벽에 몰려드는 사람들이 어디 운전사.
낚시꾼, 사냥꾼, 상인, 등산객뿐이었겠는가!
밤새 기사 쓰고 나온 광화문 일대 언론사 기자들, 철야한 노동자들,
밤새워 술을 마셔 댄 글쟁이들, 통금에 걸려 잡혀 있던 사람들,
주변 여관에서 자고 나온 사람들 그리고 밤새 클럽에서
춤을 추다 나온 고고족이며 유흥업자 종사자들…….
그야말로 각양각색의 사람들이 이곳에서 지친 속을 풀었다.

새벽을 여는 속풀이의 맛

새벽 4시만 되면 청진동 골목길은 자동차의 불빛으로 수놓아진
다. 운전사, 낚시꾼, 사냥꾼과 상인, 등산객, 또는 숙직자들이 잠에 취
한 눈을 부비면서 옛 맛을 찾아 모여드는 것이다. 어쩌면 향수일 수
도 있고 하루의 활동을 시작하는 꼭 필요한 영양보급소일 수도 있다.
—《매일경제》(1970. 11. 23) 기사 '새벽 5시' 중에서

위 기사는 새벽 4시면 술렁대기 시작하는 이색지대로 종로3가
청진동 골목길을 소개하고 있다. 서울에서 청진동 골목길이라 하
면 '해장국 골목'과 상통한다. 기사에 딸린 사진을 보니 두툼한 나
무식탁 앞에 앉아 뚝배기에 담긴 해장국을 거침없이 먹고 있는 여
자 손님의 모습이 퍽이나 인상적이다.

"새벽 4시만 되면"이라 했는데, 왜 새벽 4시일까? 그때가 바로 밤

12시부터 시작된 야간통행금지(통금)가 해제되는 시간이었다. 통금이 있던 시절, 밤 12시가 가까워지면 귀가를 서두르는 사람들로 막차는 북새통을 이루었고, 택시를 잡으려는 사람들의 손짓이 바빠졌다. '애~앵~' 0시가 되는 순간 사이렌이 울리면 거리 곳곳에 바리케이드가 설치된다. 골목길에는 야경꾼들이 나무 딱따기를 치며 "통금~!"이라고 길게 소리친다. 방범대원에게 걸리지 않으려고 안간힘을 쓰지만 간발의 차로 잡히면 하룻밤 파출소 신세를 져야 했고, 즉결심판에 넘겨지면 벌금도 물어야 했다. 1945년부터 1982년까지 37년간, 밤 12시부터 새벽 4시까지는 한국인에게 금지된 시간이었고 '새벽 4시'는 주문呪文이 풀리는 시간이었다.

이동의 자유를 얻는 새벽 4시, 서울에서 가장 빠르게 도시의 아침을 여는 거리가 바로 해장국을 내는 청진동 골목이었다. 새벽에 몰려드는 사람들이 어디 운전사, 낚시꾼, 사냥꾼, 상인, 등산객뿐이었겠는가! 밤새 기사 쓰고 나온 광화문 일대 언론사 기자들, 철야한 노동자들, 밤새워 술을 마셔 댄 글쟁이들, 통금에 걸려 잡혀 있던 사람들, 주변 여관에서 자고 나온 사람들 그리고 밤새 클럽에서 춤을 추다 나온 고고족이며 유흥업자 종사자들……. 그야말로 각양각색의 사람들이 이곳에서 지친 속을 풀었다.

"야간통행금지가 있던 1970년대가 좋은 시절이었지. 통금이 풀리면 사람들이 밀물처럼 몰려왔으니깐. 그때가 하루 중 가장 바쁜 시간이었어. 손님들이 줄을 서서 먹었다니까. 그때 아마 골목에 해장국집이 서른 곳이 넘었을 거야. 밤새 춤추고 나온 젊은 남녀들도 많았지." 1963년부터 2006년까지 해장국 골목의 터줏대감 '청진옥'과 함께 해 온 전 지배인 김창현 씨의 회고다.

유신 독재정권하의 1970년대 내내 퇴폐풍조, 풍기문란, 불순 등의 이유를 들어 장발, 미니스커트에 대한 집요한 단속이 있었다. 우스꽝스럽고 억지스러운 이유를 들어 팝송과 가요에 대해서도 대대적인 음반 판매·방송 금지조치를 내리기도 했다. 김추자의 〈거짓말이야〉는 불신감을 조성한다, 배호의 〈0시의 이별〉은 통금 위반을 부추긴다, 송창식의 〈왜 불러〉는 장발과 미니스커트를 단속하는 사람을 조롱한다······ 별의별 핑계로 금지시켰다. 그러나 통제와 억압도 젊음의 끓는 피를 어쩔 수는 없었다. 한편에서는 통기타를 치며 세상을 읊조리고, 한편에서는 현란한 사이키 조명 아래 디제이가 틀어 주는 음악 소리에 온몸을 맡기며 금지된 밤을 즐겼다.

김창현 씨가 말한 "밤새 춤추고 나온 젊은 남녀"란 당시의 '고고족'을 말한다. 2008년에 개봉한 영화 〈고고70〉은 통제와 단속의 칼날이 매섭던 70년대, 고고족이라 불리던 젊은이들의 밤 문화를 그리고 있다. 클럽에서 밤새 소리치며 춤추던 젊은이들이 통금이 해제되자 한꺼번에 쏟아져 나오는 장면이 있다. 말하자면, 그렇게 뛰쳐나온 이들이 어스레한 새벽길을 따라 갔던 곳이 바로 가마솥에서 김이 모락모락 피어나는 청진동 해장국 골목이었던 것이다.

1970년대 대학 시절을 보낸 어떤 이는 청진동을 이렇게 기억하고 있었다. "통금이 있으니까 밤새도록 춤추고, 통금이 해제되는 4시에 나가는 거죠. 그때 무교동, 명동의 고고장, 호텔 나이트클럽은 통금 끝날 때까지 영업했거든요. 나오면 배도 고프고 그러니깐 청진동에서 해장국에 해장술로 소주도 한잔하고 가는 거예요. 젊은 날의 추억이죠!"

지금이야 24시간 영업이니 해서 새벽까지 문을 여는 식당이 많지만 당시에는 꼭두새벽에 속을 풀 수 있는 식당이 흔치 않았다. 그 시절에 청진동 해장국 골목은 통금이 끝나면서 새벽을 맞는 다양한 군상들이 모여드는 서울의 오아시스였다.

섞이고 섞인 청진옥의 종로식 해장국

청진옥은 청진동 해장국 골목의 산 역사이다. 1937년, 지금의 종로구청 자리 앞에 있던 땔감시장에서 가마솥 하나 걸쳐 놓고 무악재를 넘어온 나무꾼들이나 종로 시전 상인들, 장보러 나온 사람들에게 술국과 국밥을 내던 것이 시작이다. 그리고 이것이 해장국 골목의 시작이기도 했다. 술을 시키면 공짜로 따라오던 안주였던 술국 그리고 그 국에다 밥을 말아 내는 국밥은 한국전쟁을 거치면서 '해장국'이라는 이름으로 불리게 된다. 1960~70년대가 최고의 전성기로, 해장국 골목 하면 청진옥을 떠올릴 정도로 청진동 해장국 골목을 이끌어 왔다. 1980년대 초반까지 청진동에는 널찍한 골목을 맞대고 해장국집이 15곳 이상이나 모여 있었다.

1982년 야간통행금지가 해제되자 모두 환호성을 지르며 반겼지만, 이 골목에는 반가운 일만은 아니었다. '잠들지 않는 서울'이 되면서 시내 곳곳에 '24시간 영업' 음식점이 생기기 시작했고 콩나물해장국, 뼈다귀해장국, 황태해장국, 올갱이해장국, 쇠머리국밥 등 다양한 해장국 전문점이 출현했다. 청진동 해장국 골목이 커다란 위기를 겪게 된 것이다. 이름 난 곳이야 그 전통으로 유지해 나갔지만 그렇지 못한 곳은 문을 닫을 수밖에 없었고 "청진동 해장국 골목도 예전 같지 않다"라는 소리를 듣게 된다. 그러나 그 명맥은 이어졌다.

청진옥의 해장국은 저렴한 쇠뼈(등뼈, 목뼈), 양지머리, 내장을 푹고아 끓인 국물에 된장을 풀어 넣고, 우거지, 콩나물, 배추, 파 등을 넣어 끓이다가 선지를 넣고 다시 한 번 푹 끓이는 토장국이다. 국물이 맑은 편이다. 해장국이라는 말 그대로 음주 후 쓰린 속을 풀기 위해 오는 손님도 많지만, 한 끼 식사로 먹으러 오는 손님도 적지 않다.

청진옥의 3대 주인인 최준용 씨(52)는 지금의 청진옥 해장국 맛이 완성된 시기를 한국전쟁 이후라고 말한다. 그는 청진옥 해장국이 서울식 해장국이나 경기도식 해장국이라고 하기는 어렵다고 했다. 어느 지역의 해장국이 아니라 된장으로 맛을 낸 담백한 이곳만의 해장국이라는 것이다. 전국의 사람들이 모이는 종로이다 보니, 어느 한 지역의 해장국 맛을 지키기보다는 누구나 쉽게 먹을 수 있는 맛의 보편성이 녹아 있다는 것이다. 그의 말에 일리가 있다. 사람이며 맛이며 섞이고 또 섞이는 곳이 서울 아니던가!

땔감시장의 나무꾼은 전설이 되고 '고고'는 희미한 추억이 된 1990년대 후반, 청진동은 중절모에 바바리코트 그리고 서류봉투를 옆구리에 낀 중장년층들의 골목이라는 분위기가 강해졌다. 카메라와 취재노트를 들고 처음으로 청진옥을 찾아갔던 때도 그 무렵이다. 당시 '쇠뼈해장국 전문 청진옥'이라는 간판이 걸려 있었다.

"해장국은 가장 이상적인 음식이지. 체내에 남아 있는 알코올을 분해해 주고, 단백질과 비타민 B_1이 많기 때문에 술 마신 후에 피로회복에도 좋아. 선지에는 철분과 단백질이 풍부하고, 비타민, 미네랄, 펩틴 등이 풍부한 우거지, 콩나물 등의 야채도 어우러져서 변비 예방에도 좋고 산과 알칼리의 균형이 절묘하지. 여자에게 좋은 음식이야." 이렇게 선지해장국 예찬론을 펼친 이가 바로 당시 지배인이었던 김창현 씨. 그는 청진옥의 1대 주인인 고 최동선 씨의 조카로, 청진옥의 역사를 꿰뚫고 있는 산증인이다.

"옛날에 동대문 외곽 숭인동에 도축장이 있었어. 소를 잡는 날이면 소에서 나오는 선지를 얻기 위해 가난한 노인들이 모여들었지. 공짜로 얻어 온 선지를 먹고 노인들이 건강해졌다고 해. 이 좋은 선지를 먹지 않는 나라가 많다는 것이 안타깝지. 선지의 맛과 식감을 좌우하는 것은 소 피, 물, 소금을 어떻게 섞느냐에 달렸어. 익은 선지 덩어리를 잘 보면 스폰지처럼 구멍이 있어. 그 구멍의 수가 물의 양에 따라 달라지는 거야." 그는 최고의 맛을 낸다는 청진옥 선지의 '황금비율'에 대한 자부심이 대단했다. 그가 귀띔해 준 선지 맛의 또 한 가지의 비밀은 막걸리다. 막걸리를 넣으면 선지가 탱글탱글해지고 식감이 좋아지는데, 이를 이곳에서는 '찰선지'라고 한단다.

그에 말에 의하면, 해장국을 먹다 보면 선지가 평상시보다 더 당기는 날이 있는데, 그것이 몸이 피곤하다는 신호란다. 반대로 선지가 그다지 당기지 않으면 정력이 왕성하다는 증거라고 한다. 선지에 대한 식욕의 차이가 말하자면 원기元氣의 바로미터가 된다는 것이다. 정말 그럴까 하는 생각에 웃고 말았다. 손금까지 봐 주던 박학다식한 김창현 전 지배인은 2006년에 은퇴해 이제 식당에서는 만날 수 없다. 당시 거무튀튀한 뚝배기에 담겨 있던 검붉은 선지 덩어리가 유난히 부드럽고 촉촉했다.

새로운 청진옥, 바뀐 것과 여전한 것

해장국 골목에 오랫동안 뿌리를 내렸던 식당들이 그곳을 떠나야 했다. 도심 재개발 때문이다. 청진옥도 2008년 8월에 옛 청진동 해장국 골목에서 얼마 떨어지지 않은 주상복합건물 르메이에르빌딩 1층에 새롭게 자리를 잡았다. 복고풍의 인테리어로 친근감을 주려 했으나 허름한 청진옥의 정겨움이 함께했던 골목이 그리운 건 어쩔 수 없다.

이곳으로 이사하면서 바뀐 것이 있다면 해장국을 내는 방식이다. 예전에는 토렴을 한 밥을 국에 말아서 내는 '해장국'과, 국과 밥이 따로 나오는 '따로국밥'이 메뉴에 각각 있었다. 토렴이란 더운 국물을 밥을 담은 그릇에 부었다가 따라 내는 것을 여러 번 반복해 가면서 밥을 덥히는 것을 말한다.

"토렴을 해서 나오면 국밥 온도가 70~80도 정도라 먹기 딱 좋은 온도지요. 그런데 요즘 팔팔 끓여 내는 것이 일반적이다 보니, 오시는 손님들이 토렴해서 나오는 국밥을 꺼리시더라구요. 기호에 따라 토렴을 해 내던 해장국 메뉴를 없애고 지금은 펄펄 끓인 국과 밥을 따로 내는 따로국밥식 해장국만 손님상에 내고 있어요. 가끔 토렴을 해 달라는 단골손님들이 계시는데, 그럴 때는 해 드리죠." 최준용 씨가 고백하듯 말한다.

토렴은 과거 시장터에서 국밥을 내는 전형적인 방식이다. 뜨거운 국물을 몇 번이나 부었다가 따라 냈다 하는 토렴은 일하는 사람 입장에서 사실 번거로운 작업이다. 하지만 토렴이 없어진 것은 손님들의 기호가 바뀐 탓이다. 요즘 사람들은 펄펄 끓은 국을 위생적이라 생각하기도 하고, 국과 밥을 따로 내는 게 번거로워 토렴을 해 국밥을 내는 것이라 오해해 주인을 괘씸하게 생각하는 일도 있다 한다. 그래서 지금 서울에서는 뚝배기에 고실고실한 찬밥을 넣고 국자로 뜨거운 국물을 부었다 따랐다 하는 토렴한 국밥 먹기가 쉽지 않게 되었다. 펄펄 끓고 있는 뜨거운 뚝배기를 보고 있다 보면 술로 예민해진 목구멍과 위장이 더 위축되는 기분이 든다. 그럴 때에는 사라지는 것에 대한 그리움이랄까, 정감 있는 손동작이 만들어 내는 따끈한 토렴식 해장국이 그리워진다.

이사한 후에도 여전한 게 있다면 단골손님이다. 통금과 유신으로 청진동 해장국 골목의 전성기를 만들어 낸 박정희 전 대통령도 이곳 해장국과 연이 깊다. 식당에 와서 먹으면 수행원을 대동해야 하는 등 주변 사람들을 번거롭게 한다 하여 이곳 해장국을 사다 청와대에서 먹었다 한다. 해장국 테이크아웃이라 하니 '효종갱曉鐘羹(표고, 쇠갈비, 해삼, 전복, 배추 속대, 콩나물 등에 토장을 풀어 푹 고아 만든 해장국)'이 떠오른다. 효종갱이란 조선시대 통행금지 해제를 알리는 파루의 종이 울릴 때 한양 사대문 안의 행세깨나 하는 양반집에서 하인을 시켜 사다 먹던 해장국을 말한다. 경기도 광주 남한산성 부근 갱촌 사람들이 잘 끓여 그곳에서 사다 먹었다고 하는데, 양반가의 아침상에 올리기 위해서 솜이불에 싼 국그릇을 메고 밤새 바쁜 걸음을 재촉해야 했단다. 새벽 안개 긴 한적한 광화문대로를 질주하여 청와대로 향하는 자동차. 그 안에는 밤새 연회에 지친 대통령의 속을 풀어 줄 뜨끈한 해장국 한 그릇이 놓여 있었는지 모른다. 지금도 청진옥에는 냄비를 들고 술국을 사러 오는 단골손님들이 있다고 한다. 사람들은 냄비에 담아 가는 해장국을 '냄비국'이라 했다.

청진옥의 갈색 미닫이문을 열고 들어갔다. 손님들이 몇 개의 식탁을 차지하고 있었는데, 그중 희끗희끗한 머리의 노신사와 젊은 청년이 해장국에 막걸리 한잔하고 있는 모습도 눈에 들어온다. 2대 주인 최창익 씨가 세상을 뜨고, 그의 아들인 최준용 씨가 뒤를 이어 3대 주인이 된 것이 2004년. 청진옥이 3대로 이어지는 동안 손님들도 2대, 3대로 이어져 왔다.

"50, 60대인 분들이 많이 오세요. 예전에 고고장 다니면서 자주 왔었다는 추억담을 얘기하는 분도 계시죠. 추억을 먹으러 오시는 게 아닌가 싶어요. 예전에는 아침 손님들이 많았는데 요즘은 예전처럼 아침밥을 챙겨 먹지 않아서 그런지 아침 손님이 많이 줄었어요. 점심에는 주로 근처 직장인들이 많이 오고, 오후 1시 30분부터

1937년 개업한 청진옥이다. 청진동이 재개발되면서
거대 빌딩 한 귀퉁이로 옮겼다. 이사한 후에도 오랜 단골이 찾아오지만,
토렴하지 않고 팔팔 끓는 채 나오는 국밥은 낯설다.

4시 30분까지는 어르신네들이 오셔서 해장국에 소주 한잔하고 가시죠. 저녁에는 직장인을 비롯해 연령층이 다양해요. 2005년 청계천이 복원되면서 주말에는 가족, 젊은이들, 외국인들도 많이 오지요."

최준용 씨는 가게를 찾는 손님들을 특별히 대했던 아버지를 기억한다. 생전에 아버지는 아들에게 늘 "손님을 헛걸음하게 해서는 안 된다, 상중에도 문을 닫지 말라"고 당부했다고 한다. 아버지가 세상을 떠났을 때, 아버지의 뜻을 누구보다 잘 아는 아들은 아버지의 말씀을 새기며 상중에도 문을 닫지 않았다. 통금이 해제된 해부터 청진옥은 365일 하루도 쉬지 않고 24시간 영업을 계속하고 있다. '아버지의 장사철학'까지 대물림한 아들이 이곳을 지키는 한 앞으로도 그럴 것이다.

해장국 한 그릇에 담긴 '보시'

종로의 또 다른 중장년층의 거리라고 하면 탑골공원 뒤쪽인 낙원동 악기상가 근처를 들 수 있다. 탑골공원 쪽에서 구 허리우드극장(현 실버영화관)으로 이어지는 좁다란 골목길에는 충청도집, 전주집, 광주집, 강원도집 등의 간판을 내건 자그마한 선술집들이 예나 지금이나 큰 변화 없이 옹기종기 어깨를 나란히 하고 술국, 순댓국밥, 돼지머리 등의 서민적인 술안주와 요깃거리를 내고 있다. 이곳을 지나가다 보면 문 밖으로 나와 있는 조리대에 서서 돼지머리의 귀때기며 고기를 썰고 있는 주인 아주머니의 모습을 자주 볼 수 있다. 적당히 윤기가 흐르는 머릿고기며 한편에 하얀 김을 올리는 가마솥의 국물을 보고 있자면 그냥 지나가기가 아쉽다. 가끔, 기어이 들어가 앉아 머릿고기에 소주 한잔을 걸치기도 한다.

1969년, 무허가 건물과 잡다한 시설로 무질서했던 낙원시장 터에 최첨단 시설의 15층 주상복합 아파트가 세워진다. 바로 낙원(악기)상가이다. 건물 밑에 마치 터널처럼 차도를 내 화제를 모으기도 했다. 낙원상가를 왼쪽으로 두고 선술집 골목길을 따라 모퉁이를 돌아가면, 문 앞에 커다란 솥단지를 걸어 놓고 그 위로 팥죽색 플라스틱 국밥 그릇을 포개 놓은 곳을 볼 수 있다. 그 옆에는 늘 우거지가 쌓여 있다. 고개를 들어 시간이 겹겹이 쌓인 허름한 간판을 보면 '소문난추어탕'이다. 간판만 보면 서울의 명물이었다는 '추어탕(추탕)'을 내는 곳이라 생각하겠지만 이곳에 추어탕은 없다. 간판만 보고 들어갔다가는 낭패 보기 좋다. 여기에는 해장국인 '얼큰우거지탕'만이 있을 뿐이다.

후줄근한 작업복 차림의 아저씨 세 명이 가게 안으로 들어간다. 주인 아줌마는 솥에 끓고 있는 우거지탕을 국자로 휘휘 저어 플라스틱 그릇에 담고, 앞에 놓인 후춧가루를 커피스푼으로 적당히 양을 조절해 국물에 투하한다. 후추의 매운 향이 확 풍긴다. 숙련된 모습으로 모든 동작을 하고 있는 이가 바로 47년간 이곳을 지켜 온 권영희 씨(71)이다. 작은 체구지만 강단이 있어 보인다. "시어머니가 1.4후퇴 때 자식들을 양손에 끌고 피난을 와 1957년부터 식당을 시작했지. 처음엔 평양냉면이랑 서울식 추어탕을 했어. 그때 추어탕 인기가 좋았지. 근처에 식당도 별로 없었고, 어머니 음식 솜씨가 좋았거든."

시집오자마자 권영희 씨는 어머니를 도와야 했다. 새벽부터 밤까지 식당일을 돕는다는 것이 쉽지 않았다. 돈이 안 벌리는 것은 아니었지만 일하는 고달픔에 비하면 아무것도 아니었다. 당시 팔던 추어탕의 가격도 다른 식당보다 싼 가격이었다. 피난 나와 배고픈 시절을 겪었던 시어머니는, 돈 벌려고 하는 장사지만 인심은 잃지 말아야 한다고, 그래야 훗날에 복이 된다는 말씀을 늘 하셨다.

싼 가격으로 추어탕을 유지하기가 힘들어지면서, 값싸면서 따끈하게 한 그릇 먹을 수 있는 해장국을 생각하게 되었다. 미꾸라지 대신 새벽 도매시장에서 쉽게 구할 수 있는 우거지를 듬뿍 넣은 국물을 만들기 시작한 것이 20여 년 전. 싼 가격을 유지하기 위한 방책이었다. 이름을 '얼큰우거지탕'으로 붙였다. 간판에 쓰여 있는 추어탕과 이곳의 유일한 메뉴인 해장국의 관계는 이러하다.

얼큰우거지탕의 가격은 처음 선보였을 때부터 변함이 없다가 2010년 배추대란이 일어나면서 어쩔 수 없이 500원을 올렸다. 그래서 지금 한 그릇의 값이 2,000원이다. 여기에 공기밥이 500원이니, 합쳐 2,500원이다. 한 끼 밥값이 분식집 라면 값도 되지 않는 것이다.

가게 안은 여전히 아저씨들의 천국이다. 새벽 4시 30분이 되면 택시기사, 악사, 막일꾼, 행상들이 속을 풀러 이곳에 온다. 낮에는 탑골공원에서 시간을 보내는 어르신들, 너무 싼 가격에 반신반의하며 호기심으로 들어오는 젊은이들이 모여든다. 그리고 가끔 일본에서 온 여행자들도 온다. 그러나 여느 식당의 한 끼 밥값이 너무 비싸 선뜻 사 먹지 못하는, 주머니 가난한 사람들이 여전히 손님의 대부분이다.

자리에 앉으면 뜸을 들인 후 쪄 낸 밥, 시큼한 깍두기와 함께 얼큰우거지탕이 나온다. 잡뼈로 국물을 낸 육수에 고춧가루양념을 풀어 우거지와 두부를 넣고 끓인 국물의 맛이, 이름처럼 얼큰하다. 칼칼한 맛에는 후춧가루도 크게 한몫을 한다. 밥과 깍두기는 거칠고 시큼하다.

"국물 좀 더 주시오." 소주 한잔하고 있던 아저씨가 그릇을 들고 나온다. 권씨가 다시 국자를 휘휘 저어 국물을 퍼 준다. 이것이 인정의 맛, 보시의 맛이다. 그래서 얼큰우거지탕은, 속도 속이려니와

각박하고 비정한 세상에 상처받은 마음을 먼저 풀어 주는 해장국
이다. 서울의 달은 아직 외롭지 않다.

종로2가 뒷골목의 2,000원짜리 국밥이다. 조미료 맛에 우거지만 잔뜩 들었지만
서울의 서민들에게는 이 가격만으로 '착하다'. 탑골공원의 할아버지들이 단골이다.

10

영등포 감자탕

"요즘 경기가 좋지 않아요. 예전에는 24시간 영업을 하는 곳도 꽤 됐는데
지금은 10시나 11시면 다들 문 닫지요. 괜히 열어 놓으면 뭐해요.
인건비도 안 나오는데. 예나 지금이나 시장 상인들, 시장 일 보러 나오신 분들,
좀 연배가 있는 손님들이 많지요. 일요일에는 러시아, 우즈베키스탄,
동남아시아에서 온 외국인 노동자들도 많이 찾아요."
외국인 노동자가 화순집의 새로운 손님으로 늘고 있다.
그들도 우리처럼 뚜두둑 뼈다귀를 비틀어 사이사이 고기를 발라 씹으며
'쏘주' 한 잔에 서울의 애환을 달랜다.

감자탕은 '쏘주'다

　강 너머로 어스름한 불빛을 내던 영등포는 서울시의 공업 지역으로 그리고 밥벌이를 찾아 각지에서 몰려든 사람들의 주거 지역으로, 인천, 수원, 안양으로 통하는 교통요지로 발달해 왔다. 한때 '굴뚝과 연기의 도시'라는 수식어를 받으며 서울의 부도심에서 새로운 도심으로 변모를 거듭해 온 영등포. 1960~70년대 시市 승격까지 언급됐을 정도로 규모가 크지만, 영등포라 하면 사람들은 영등포역 일대를 먼저 떠올린다.

　최근 재개발이 활발히 진행되면서 영등포역 주변은 과거보다 더 야누스적인 모습을 갖게 됐다. 대형 백화점이 들어선 지하철 선로 옆에는 절대 빈곤자들의 공간인 쪽방촌이 있고, 낮에는 기백만 원하는 명품을 사기 위해 긴 줄을 서는 타임스퀘어 옆으로 밤에는 십만 원도 안 되는 돈에 몸을 팔기 위해 호객하는 여인들의 공간이 펼쳐진다.

영등포시장 사거리에서 영등포역으로 향하는 인도에는 노점상과 행인들로 북적거린다. 과일, 채소, 구두, 시계, 꽃, 핫도그, 떡볶이 등 그 종류도 다양한 노점들이 300미터 정도의 거리를 따라 즐비하다. 단속 대상인 노점상이 아직 활기를 띠는 것은 이곳이 아직 서민들에 가까운 공간이라는 사실을 보여 준다.

바삐 오가는 인파를 비집고 향하는 곳은 먹자 골목 귀퉁이(영중로6상가 1층)에 나란히 이어져 있는 두세 평 남짓한 허름한 감자탕집들이다. 하루가 다르게 새 건물이 서고 새 가게가 생겼다 사라지는 영등포에, 목로주점 같은 감자탕집들은 20~40년의 세월을 담고 있다. 가게 앞 길가에는 간이탁자가 놓여 있고 가게 문 앞에 놓인 양은 솥단지에는 뻘건 감자탕 국물이 조용히 끓고 있다. 한쪽에는 붉게 물든 돼지등뼈가 겹겹이 쌓여 있고 한쪽에는 노르스름하게 삶아 낸 통감자들이 빨간 플라스틱 바구니에 담겨 있다.

영등포 감자탕은 '쏘주'와 마셔야

"여기 앉아요, 많이 줄게." 곱상한 할머니의 손짓에 골목 마지막 집인 '할매집' 간이탁자에 자리를 잡았다. 할머니는 솥에서 꺼낸 큼지막한 뼈다귀를 하얀 플라스틱 대접에 수북이 담고 사이사이에 감자 몇 알을 올린다. 그리고 뻘겋고 걸쭉한 국물을 그 위에 끼얹는다. 가스불 위에서 끓여 먹는 것이 아니라 옛날식으로 다 끓여서 내주는 감자탕이다.

"아니 뭘 그리 찍어 대시우. 찍을 게 있수?" 우리 일행이 감자탕을 찍고 있으니 호기심 어린 표정으로 할머니가 묻는다. "그러지 말구 나나 한 번 찍어 주슈. 더 늙기 전에 사진이라도 찍어 둬야지." 할머니는 추억을 남기려는 듯 사진을 부탁한다. 주름만 남기고 속절없이 가는 세월이 야속한 듯하다. 갸름한 얼굴에 고운 태가 남아 있는 정순자 할머니(70)의 고향은 낙동강이 흐르는 경상도 문경(점촌)이다. 1963년, 동생들이 줄줄이 있던 열다섯 소녀는 대구로 식모살이를 갔고, 남편을 만나 결혼을 하고서는 광명시 옥길동에 정착했다.

남편의 벌이는 시원찮았다. 살기가 빡빡했던 할머니는 장판 공장으로 일을 다녔고, 첫아이를 낳고 나서는 행상을 시작했다. 칭얼거리는 아기를 등에 둘러업고 머리에는 빨간 '다라이'를 이고 영등포 곳곳을 돌아다녔다. 다라이 안에는, 어느 때는 생닭이 담겨 있었고 어느 때는 딸기가 담겨 있었다. "고생 많이 했지. 지금 생각하면 어떻게 했나 싶어. 그래도 그땐 힘든 걸 몰랐어. 행상하는 엄마 손에 끌려 다니던 그 꼬마녀석이 이제 서른 살이 넘었지."

할머니는 1994년부터 이곳을 맡아 일하고 있다. 나이가 들어 일을 할 수 없게 된 가게 주인은 정순자 할머니에게 가게를 맡기고, 가끔 들러서 보고 갈 뿐이다. 당신 나이에 이렇게 일할 수 있는 곳이 있다는 게 감사한 일 아니냐며 할머니는 살포시 미소를 짓는다.

이곳에서 쓰는 돼지등뼈는 마장동 축산물 시장에서 가져온다. 요즘 감자탕에 들어가는 등뼈는 대부분 수입산이다. 할매집도 마찬가지다. 할머니는 핏물 뺀 뼈를 세 시간 정도 삶은 후 마늘, 고춧가루, 생강, 소금 등으로 양념을 한다. 우거지나 채소는 안 들어간다. 돼지등뼈와 감자뿐이다. "여기 오는 손님들은 노가다 아저씨들이 많아. 뼈다귀 고기를 좋아하지. 그래서 다른 것 안 넣고 뼈다귀 덩어리를 많이 넣어."

할매집은 잠들지 않는 영등포의 밤을 함께하며 밤샘 영업을 한다. 늦은 밤이 되면 "딱 한 잔만 더" 하며 비틀거리는 아저씨들이 찾아들기도 하고, 새벽녘에는 술집 아가씨들이 찾아와 뼈 사이사이 낀 살을 바르며 서글픈 인생을 소주 한잔과 함께 삼키고 돌아가기도 한다.

된소리를 좋아하는 이 동네 사람들은

소주보다 쏘주로 통한다

물같이 색깔도 없다

투명하다

맨송맨송한 핏속으로 파고 들어와

화끈하게 달군다

구겨진 시름을 달랜다

스트레스를 이완시킨다

외로운 골을 깊게 판다

— 임강빈, 〈쏘주론〉 중에서

일어나자 머리가 핑 돈다. 여름 더위를 먹은 탓일까? 아니다. 푹 삶아 낸 돼지등뼈에 밴 할머니의 인생 이야기에 소주 한 병을 뚝딱 마신 탓일 게다.

한여름 낮술을 마시고, 해를 보낸 후 찾아간 영등포 감자탕 골목에는 수줍게 웃음 짓던 할머니도, 끓고 있는 감자탕도 없었다. 조금 더 버티어 주길 바랐다. 우려했던 재개발로 영등포 영중로6상가 1층에 나란히 붙어 있던 감자탕집들을 더 이상 볼 수 없게 되었다. "책이 나올 때까지는 장사할 수 있어야 하는데……" 하던 정순자 할머니의 작은 소망이 이루어지지 못했다. 할머니의 생각보다 출간은 늦어지고 철거는 빨라졌다. 죄송하고 아쉽다.

그들도 우리처럼 돼지등뼈를 바른다

동대문 앞이 바로 전차 종점으로 커다란 차고가 있었고 수십 대
의 전차가 줄곧 드나들었다. 전차표는 한 장 한 장 사이를 손으로 뜯
어서 사용해야 했는데 잘 뜯어지지 않아 조금씩 빗나가게 하여 다
섯 장을 여섯 장으로 만들어 쓰기도 했다
— 김성환,《고바우 김성환의 판자촌 이야기》중에서

서울에는 감자탕 골목이라 불리는 곳이 여럿 있다. 그중 한 곳이
예전부터 교통의 요지였던 동대문이다. 이곳은 1963년 자취를 감
춘 전차의 종점인 동시에 차고지였으며, '땡땡전차'라 불리며 동대
문에서 뚝섬/광나루까지 달리던 기동차의 시발점이며 종점이기도
했다. 전차 차고지에 세워진 동대문종합상가 1층에는 1977년에 강
남 고속버스터미널로 통합되면서 없어진 동대문 고속버스터미널
이 있었다. 전차와 기동차의 종점, 고속버스터미널, 시장이 있던 곳
이다 보니 동대문은 사람들의 왕래가 늘 끊이지 않았다. 바로 이곳,
동대문호텔 뒷골목에 감자탕, 뼈해장국, 순댓국 등 안주 겸 식사를
내는 식당이 몰려 있는데, 이곳을 동대문 해장국 골목이라고도 하
고 감자탕 골목이라고도 부른다.
평화시장에서 청계천 오간수교를 건너 들어간 감자탕 골목에서

는, 해가 지고 네온 간판이 켜지기 시작하자 손님을 부르는 소리가 더 커진다. 감자탕집 문 앞마다 커다란 은색 곰솥이 드럼통으로 감싼 가스불 위에 올려져 있다. 곰솥 안에는 뻘건 국물에 푹 익힌 돼지등뼈가 층층이 담겨 있고, 그 위에는 시뻘건 고춧가루가 뭉쳐진 채 뿌려져 있다. 시뻘건 고춧가루는 식욕을 돋우려는 용도일까, 매운맛을 강하게 하기 위해서일까. 물어봐도 특별한 이유를 대지 못한다.

1980년대 초반 이곳에서 감자탕 조리법을 배웠다는 김명순 씨(70)에 의하면, 예전 동대문 감자탕 골목에서는 돼지 사골과 등뼈를 곤 뽀얀 국물에 등뼈 몇 조각과 감자를 넣고 파를 송송 썰어 올렸다고 한다. 그리고 손님상에 낼 때 다대기를 함께 주어 손님 취향에 맞게 매운맛을 내게 했다는 것이다. 그러나 지금 그런 조리법으로 감자탕을 내는 곳은 없다. 대부분의 가게는 주인이 몇 번씩 바뀌어서 그런지, 고춧가루로 양념하지 않은 감자탕을 아는 사람이 없었다. 단지 초창기에는 지금처럼 고춧가루를 많이 사용하지 않았던 것 같다.

순한 불빛을 내고 있는 '화순집'에 들어갔다. 전남 화순이 고향인 성성자 씨(60)가 이곳의 주인이다. 그녀가 감자탕집을 시작한 것은 1986년으로, 전 주인에게 가게를 인수하면서 감자탕 만드는 법을 배웠다. "그때도 지금처럼 고춧가루가 들어간 감자탕이었어요. 고기는 마장동에서 가져와요. 예전에는 돼지등뼈에 지금처럼 고기가 많이 붙어 있지 않았지요. 근데 지금은 도축할 때 감자탕용으로 하기 때문에 고기가 많이 붙어 있어요. 그리고 수입산 돼지등뼈도 살이 많아요." 확실히 그러하다. 요즘 감자탕의 뼈다귀에는 고기가 많이 붙어 있지만 예전에 비해 고기가 팍팍하고 고소함이 덜하다는 얘기가 많다. 허나 이곳의 감자탕은 잡내가 전혀 없는 것이 고기 맛도 좋은 편이다. 들깨양념이 진하게 배어든 감자탕의 국물은 칼칼한 맛과 그 맛을 부드럽게 감싸안는 순한 맛이 함께하는 것이 일품이다.

"요즘 경기가 좋지 않아요. 예전에는 24시간 영업을 하는 곳도 꽤 됐는데 지금은 10시나 11시면 다들 문 닫지요. 괜히 열어 놓으면 뭐해요, 인건비도 안 나오는데. 예나 지금이나 시장 상인들, 시장 일 보러 나오신 분들, 좀 연배가 있는 손님들이 많지요. 일요일에는 러시아, 우즈베키스탄, 동남아시아에서 온 외국인 노동자들도 많이 찾아요." 외국인 노동자가 화순집의 새로운 손님으로 늘고 있다. 그들도 우리처럼 뚜두둑 뼈다귀를 비틀어 사이사이 고기를 발라 씹으며 '쏘주' 한 잔에 서울의 애환을 달랜다.

동대문 감자탕 골목이다. 평화시장 등에서 물건을 떼던 상인들이 많이 찾았다.

영등포와 닮은 천호동 감자탕 골목

역과 터미널 그리고 시장, 서울 감자탕 골목들의 공통점은 서민들이 모이는 곳이라는 점이다. 서울시역의 확장으로 1963년 경기도에서 서울시로 편입된 천호동도 그러하다. 천호동 감자탕 골목은 지하철 천호역 부근 현대아파트 뒷골목을 말한다. 2000년 중반부터 골목길 주변이 개발되면서 지금은 예닐곱 집에서 다른 메뉴와 함께 감자탕을 내고 있다. 과거에 비하면 감자탕 골목이라 말하기가 궁색할 정도로 명맥만 유지하고 있다. 예전에 골목길을 걷다 보면 핏물을 빼기 위해 빨간 플라스틱 다라이에 담가 놓은 돼지등뼈며 감자를 다듬는 모습, 커다란 솥에 감자탕을 끓이는 모습을 쉽게 볼 수 있었다. 이제 그런 풍경은 좀처럼 보기 힘들다.

"1970년대 여기 주차장 있는 쪽에 동부시장이 있고 시외버스터미널이 있었어요. 동부시장 아줌마들이 감자하고 돼지등뼈를 한꺼번에 푹 고아 그릇에 담아 파는 가마솥 감자탕이 있었어요. 한 그릇에 500원씩 했지요. 1979년에 제가 이 자리에 가게를 내면서 지금처럼 냄비에 따로 담아내 끓여 먹는 따로식 감자탕을 팔기 시작했어요. 소, 중, 대로 나눠 1,000원, 3,000원, 5,000원을 받았었죠." '또순이네' 주인장 이정순 씨(61)의 말이다.

골목 입구 왼쪽에 있는 또순이네는 이 골목에서 처음으로 감자탕을 시작한 곳이다. 원주 출신의 이정순 씨는 감자탕 만드는 법을 어머니에게서 배웠다. 돼지등뼈를 살짝 삶고 물에 담가 핏물을 뺀 후 다시 한 번 삶아 낸다. 그리고 다시 씻어서 물을 부어 두 시간 정도 끓이면 뽀얀 육수가 나오는데, 거기에 고춧가루양념을 한다. 주문이 들어오면 국물과 돼지등뼈를 냄비에 넣고 감자, 우거지, 파 등을 함께 담아낸다. 이렇게 감자탕을 끓여 온 지도 벌써 30년이 지났다. 예전에는 지금처럼 고춧가루를 많이 사용하지 않았다고 한다. "고춧가루가 들어가긴 했지만 허연 기가 남아 있었지요."

또순이네가 인기를 얻자 뒤따라 감자탕집들이 골목에 들어서게 되고, 한창 잘나갈 때에는 30미터쯤 되는 골목을 끼고 20여 개가 넘는 감자탕집이 번성했다. 1970~80년대, 경기도 남부를 잇는 시외버스터미널이 있던 천호동은 광주, 하남 사람들이 와서 장을 보고 돌아가던 곳이었다. "옛날에는 장보러 나온 사람, 건축현장 노동자, 군인들 그리고 유흥가 사람들이 많이 와서 먹었죠. 이 근처에 아가씨들 있잖아, 그 친구들도 자주 왔어요. 지금은 젊은 손님서부터 다양해요."

감자탕 먹는 법이 따로 있는 것은 아니다. 대개 감자를 숟가락으로 쪼개서 먹지만, 으깨어 국물에 풀어 먹어도 좋다. 구수한 맛이 나고 돼지 누린내를 없애는 역할도 한다고 한다. 그러나 감자탕 속 감자의 수는 점점 줄어들고 있다. 손님들이 자꾸 감자를 남겨서 요즘은 또순이네도 한두 개밖에 넣지 않는다.

감자탕 체인점은 곳곳에 늘고 있지만, 서울의 변두리 사람들을 기억할 수 있는 감자탕집은 점점 사라지고 있다.

II

을지로 평양냉면

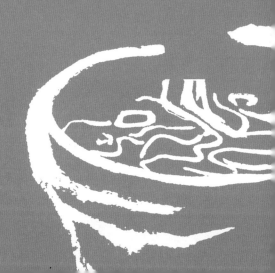

냉면집 이야기를 하면서 '선주후면先酒後麵'이라는 말을 자주 쓴다.
말 그대로 먼저 술을 마시고 면으로 마무리를 한다는 뜻이다.
이 말은 평양을 중심으로 한 관서 지방에서 손님에게 술을 대접하고
그다음에는 쇠고기 또는 닭고기 등으로 꾸미를 올린
메밀국수를 대접하는 방식에서 유래되었다고 한다.
술로 생기는 흥분과 열기를 시원한 메밀국수가 잡아 준다는 그럴싸한 이유가 있다.
선주후면으로 안성맞춤인 냉면집이 또한 을지면옥이다.
이곳을 찾는 손님, 특히 중장년의 남자 손님들 대부분은
편육에 소주를 한잔하고 냉면을 먹는다.

이것이 백석의 국수 맛일까

        평양냉면이 서울에 상업적으로 진출한 시기는 대략 1920년대 말로 추정된다. 당시 종로의 '평양루'와 '부벽부', 광교와 수표교 사이의 '백양루', 무교정의 '진평옥' 등 대규모 냉면집이 자리를 잡았다. 냉면은 서울의 유한계층, 지식인들이 즐겨 먹는 별식이었으며 기생들이 겨울 밤참으로 먹는 음식이기도 했다. 1930년대가 되면서 평양냉면은 서울에서 배달음식으로 인기를 얻는다. 유기그릇에 담긴 냉면은 15~20전에 배달되었고, 배달부에게 별도로 10전의 수고비를 주었다. 냉면을 실은 널찍한 목판을 한 손으로 받치고 종로통 골목골목을 누비며 달리는 모습이 마치 곡예와 같았다는 냉면 배달 자전거는 그 시절 서울에서 볼 수 있는 풍물 중의 하나였다.

    그러나 평양냉면이 대중화의 길을 걷기 시작한 것은 한국전쟁 전후라고 할 수 있다. 망향의 한을 품은 실향민들이 자신이 즐기던 고향음식을 새로운 삶의 터전인 서울에 펼쳐 놓았는데, 그 대표주자가 바로 냉면이었다.

현재 서울에 있는 대표적인 평양냉면 전문점이라고 하면 우래옥, 을지면옥, 평양면옥, 필동면옥을 비롯해, 을밀대, 평래옥, 남포면옥 등을 꼽는다. 대부분 실향민이 많이 거주했던 오장동, 필동, 장충동, 동대문, 을지로에서 시작했으며 직간접으로 실향민들과 관계되어 있다.

이 중에 가장 오래된 곳은 중구 주교동에 있는 우래옥이다. 해방 이듬해인 1946년 평양 출신의 장원일 씨가 평양냉면 기술자인 주병인 씨를 데려와 '서북관'이라는 식당을 차린다. 1950년 한국전쟁이 발발하자 피난살이를 한 후 서울에 돌아온 장원일 씨는 문패를 우래옥으로 바꾸고 식당을 다시 열었다. 우래옥又來屋이란 '한 번 먹어 보면 또 온다'라는 의미이다. 이름 덕을 톡톡히 본 것일까, 이곳은 60여 년을 넘어 지금까지 사람들의 발길이 끊이지 않고 있다.

평양냉면의 제철은 언제일까

여름이 끝날 무렵 우래옥을 찾았다. 세월의 깊이가 보이지 않는 말끔하고 현대적인 건물이다. 예전 한옥에서 이곳으로 이전한 것이 1988년이다.

이곳에서 김지억 전무(83)를 만났다. 평양 출신인 그는 해방 후 월남했고 군복무 후 창업주의 권유로 1962년 계산대를 맡은 이래 지배인으로, 전무로 50여 년간 이곳에서 일을 해 왔다.

"고향에서는 겨울밤에 냉면을 잘 해 먹었어. 겨울밤이 길잖아. 김치를 담글 때 좀 산다는 집은 쇠고기 육수를 넣고 넉넉지 못한 집은 명태 육수를 부어 담가. 장독에 배추 한 겹 넣고 그 위에 무 한 겹 넣고 또 그 위에 배추 한 겹 넣고 쌓은 다음에 쇠고기 육수나 명태 육수를 넉넉하게 부어 두는 거야. 그러면 김치 맛이 심심하고 김칫국물이 넉넉하지. 겨울에 국수 말아 먹기 좋아." 고향에서 먹던 맛의 추억은 세월이 갈수록 더 생생해지는 법. 김 전무의 기억은 막힘이 없다.

김 전무가 말하듯 "냉면은 추운 겨울 절절 끓는 온돌에 이를 덜덜덜 부딪쳐 가며 먹어야 진짜"라는 것은 북에 고향을 둔 어르신들에게 자주 듣는 말이다. 인천 동구의 수도국산 달동네박물관을 보고 내려오는 길목에서 만난 이임옥 할머니 또한 겨울에 먹던 냉면을 잊지 못했다. 1933년 평양과 가까운 진남포에서 태어난 할머니는 열여덟 살에 남으로 피난을 와 인천에 정착했다.

"냉면 자주 먹었지. 냉면에 들어가는 김치부터 달라. 배추하고 무를 사용하는데 여기하고 다른 것이 뭔고 하니, 바로 국물이야. 소의 잡뼈, 조기 대가리 같은 걸 넣고 푹 고아서 차게 식힌 육수를 넉넉히 넣는 거야. 어머니는 겨울마다 그런 김치를 몇 독이나 담갔는지 몰라. 김치가 적당히 익으면 그 국물 그대로 국수에 말아 먹거나 육수를 섞어 말아 먹었지. 시원한 맛이 그만이었어. 한겨울, 삶은 메밀국수를 사 와 얼음이 살짝 언 김칫국물에 말아 먹는 냉면 맛이 기가 막혔는데. 지금도 그 맛이 얼마나 그리운지." 그 맛이 그리워 잘한다는 평양냉면집을 찾아다녔으나 고향의 맛은 늘 부족하다고 한다.

이처럼 '이냉치냉'의 맛과 멋이 있던 평양냉면이지만, 평양에서도 실제 먹는 양으로 치면 여름에 더 많았다고 한다. 서울의 냉면 역시 여름이 제철이다.

'몸반죽'의 순면, 우래옥

"60년대가 호시절이었지. 서울 구경 나온 사람들이 창경원 나들이 갔다가 전차 타고 이곳을 들러 먹고 갔지. 우리가 그걸 100원짜리 나들이라고 불렀어. 불고기 1인분에 60원, 냉면이 35원 그리고 전차비가 2원 50전이었으니깐 딱 100원이 들었거든. 70년대 말 강남이 개발되고 무슨 가든이다 갈빗집이다 생기기 전까지 인기 최고였지. 그땐 손님들이 줄을 서서 기다렸다니깐." 지금도 문전성시를 이루는 우래옥이지만, 김지억 전무에게 우래옥의 전성기는 따로 있다.

평양은 냉면뿐만 아니라 쇠고기로 유명했던 곳으로, 불고기 맛또한 유명했다. 평양식 불고기는 한국전쟁 이후 삽시간에 외식 메뉴로 퍼져 나간다. 1950~70년대, 불고기와 냉면은 밖에서 사 먹을수 있는 특별한 음식이었다. 그럴싸한 외식 장소가 없던 당시, 우래옥은 냉면과 불고기로 돈을 갈고리로 쓸어 모았다 할 정도 번성했다. 벚꽃이 날리는 4월이 되면 창경궁 꽃놀이 갔다 오는 사람들로북새통을 이루었다. 꽃구경한 후, 불고기와 냉면으로 마무리하는것이 당시 최고의 봄나들이였던 것이다. 벚꽃이 한창인 4월 넷째주 일요일에 손님이 가장 많았는데 냉면 2,000그릇이 팔려 나갔다고 한다. 우래옥은 당시 한정식집인 삼희정, 한일관과 함께 서울에서 세금 제일 많은 내는 식당으로도 유명했다.

평양냉면은 메밀로 뽑은 면을 기본으로 한다. 찰기가 없는 메밀이다 보니 반죽이 무엇보다 중요하다. "메밀은 겉껍질을 벗기고 속껍질의 40퍼센트를 벗겨 낸 하얀 속살을 제분해 사용하지. 메밀은찰기가 없어 잘 흩어져. 그래서 응집력을 더하기 위해 고구마 전분을 섞지. 대략 7 대 3의 비율인데 이게 말이지, 기온에 따라서도 좀 달라져. 더울 때는 면이 잘 풀어지기 때문에 전분을 더 넣고 찬물로 반죽하고 삶는 시간도 짧아지지. 겨울에는 메밀 함량을 높게 하고 전분을 덜 넣어. 메밀 100퍼센트 순면도 있는데, 이게 반죽하기가 여간 까다로운 게 아니야. 전분 섞은 것과 달리 팔팔 끓인 물로 익반죽해야 돼." 주방을 안내하면서 김 전무가 메밀면에 관해 이야기한다. 글루텐이 없는 메밀을 반죽하는 것은 '몸반죽'이라고 할 정도로 힘이 든다. 특히 순메밀의 경우 더욱 힘과 기술을 요한다.

서울의 내로라 하는 평양냉면집마다 서로 다른 개성을 자랑하는 냉면 맛에 큰 영향을 미치는 것은 육수이기도 하다. 동치밋국물과 고기 육수를 섞어 쓰는 경우도 있고 고기 육수만 사용하는 경우도 있다. 평양냉면의 맛을 내는 데 한몫하는 게 동치밋국물이긴 하나, 발효음식인지라 계절에 따라 관리가 어렵다. 1980년대 말 냉면 육수에 허용치 이상의 대장균이 발견되어 문제가 된 적이 있는데, 이후 동치밋국물 쓰는 집들이 점점 줄어들었다. 지금까지 동치밋국물을 고수하는 냉면집으로는 남포면옥, 만포면옥 등이 유명하다. 우래옥은 쇠고기, 돼지고기, 닭고기 육수를 썼지만 1988년 이후에는 쇠고기 육수만으로 국물을 내고 있다. 우래옥의 육수는 1등급 한우 암쇠고기 중 양짓살과 사태를 서너 시간 푹 삶아 우려낸다. 암쇠고기는 기름이 알맞게 박혀 깊은 맛을 낸다.

우래옥은 개업 첫날부터 지금까지 종로구 팔판동에 있는 팔판정

우래옥의 냉면이다. 쇠고깃국물에 간장 조금 타고 메밀국수를 말아 낸다.
글루텐이 없는 메밀을 반죽하기란 여간 어려운 것이 아니다. 순메밀이라면 더욱 그렇다.

육점에서 고기를 받아 쓰고 있다. 60년 넘는 역사를 자랑하는 팔판정육점은 우래옥을 비롯해 하동관, 한일관 등 서울의 대표적인 고깃집에 오랫동안 쇠고기를 대주고 있는 정육점이다. 아버지의 대를 이어 정육점을 책임지고 있는 이경수 씨(64)에 의하면, 정육업계에서 '팔판동 대장님'이라고 불리던 아버지와 우래옥 창업주인 장원일 사장은 서로 신뢰가 깊은 관계였다고 한다. 그의 아버지는 전국에 서는 우시장을 직접 돌며 최상의 한우만을 골라 거래 식당에 납품했다. 이씨는 우래옥이 처음 문을 열던 날에는 쇠고기 다섯 근이 들어갔는데, 둘쨋날에는 열다섯 근이 들어갔고, 닷새가 안 돼서 소 한 마리 이상이 들어갔다고 기억한다. 노포의 맛의 비결 뒤에는 최상의 재료를 구하려는 식당과 최상의 재료를 공급하려는 협력자의 숨은 이야기들이 있다.

하얀 사기그릇에 담긴 냉면이 나왔다. 소박하면서 우아한 자태다. 냉면을 담는 그릇도 세월에 따라 달라졌다. 유기그릇을 쓰다 스테인리스 그릇으로 바꾸었고, 멜라민 그릇을 쓴 적도 있지만 지금은 사기그릇을 쓴다. 사기그릇은 정갈하면서도 묵직하다. 하얀 사기그릇에 담긴 냉면 육수는 연갈색빛을 띤다. 간은 소금으로 하지만 간장으로 색을 냈기 때문이다. 고명은 허연 배추겉절이와 편육 그리고 절인 오이다. 냉면에 들어가는 김치는 젓갈, 고춧가루, 마늘을 넣지 않고 순하게 담근다. 진한 고기 육수와 탱탱한 면의 메밀

향이 어우러지면서 깊으면서도 깔끔한 맛을 낸다. 묵직한 그릇을 들어 국물을 꿀꺽꿀꺽 들이켠다. 속이 확 트인다.

어느새 실내는 다양한 연령층과 다양한 국적의 손님들로 가득 찼다. 그래도 중년층 이상의 손님들이 많다. 옆자리에서 불고기 굽는 고소한 냄새가 코를 스친다. 고급음식점의 풍요로움과 여유가 느껴진다. 그러나 이곳의 냉면 한 그릇 먹는 데에도 큰맘을 먹어야 하는 사람에게는 잔인한 냄새다.

슴슴한 냉면의 그 맛!

을지로3가역 부근, 기계공구점이 모여 있는 골목 안에 위치한 평양냉면집이 바로 '을지면옥'이다. 서울의 알려진 평양냉면집은 대부분 고향에 갈 수 없는 실향민들이 자주 들르는 곳이었다. 특히 동향인 모임을 가질 때 자주 이용한다. 을지면옥도 마찬가지다.

을지면옥은 1984년도에 개업했다. 황해도 신계군 다율면이 고향인 이윤상 옹(91)은 의정부에 있는 평양면옥의 주인과 사돈지간이다. 평양면옥의 사위가 된 큰아들 이병철 씨(64)가 의정부 처가에 들어가 일하면서 그 맛을 익혔다. 그 후 아버지와 함께 차린 냉면집이 바로 이곳이다. 지금은 이윤상 옹의 두 아들이 운영을 하고 있다.

다른 평양냉면집들에 비해 후발주자인 을지면옥은 실향민 맞춤 영업 방식으로 인기를 얻기 시작했다. 창업주 이윤상 옹 본인이 이북 황해도 출신의 실향민으로, 신계군민회 회장, 신계군 명예군수 등의 향우회 활동을 하고 있었던 덕도 보았고, 고향 맛을 제대로 살린 냉면을 냈기 때문이기도 하다.

"내가 평안도 출신인데 이 집 냉면이 고향에서 먹던 거랑 제일 비슷해. 그래서 난 이곳만 오지. 국물 맛이 텁텁하지 않고 먹고 나면 개운해." 할머니와 함께 냉면을 드시고 있던 20년 단골 할아버지의 말이다. 이곳에서 냉면 한 그릇 먹다 보면 투박한 이북 말투의 어르신들을 자주 볼 수 있다. 그들에게 냉면은 고향의 추억이며 그리움이다.

메밀이 70~80퍼센트 들어간 면발은 가늘고 향이 구수하다. 고명으로 쇠고기수육과 돼지고기편육, 삶은 달걀, 절인 무가 올라간다. 타래 지은 면발 위에 송송 썬 파와 붉은 고춧가루가 뿌려진 것이 특징이다. 이곳의 냉면을 처음 맛본 사람들의 반응은 크게 둘로 갈린다. "맹물 같아 맛없다"는 반응과 "심심한 것이 진짜 냉면 같다"는 반응이다. 아닌 게 아니라 한우와 돼지고기를 삶아 깨끗이 거른 후 다시 한 번 채소를 넣어 끓여 만든 이곳의 육수는 물처럼 맑고 투명하다. 후루룩 국수를 넘기다 보면 백석 시인이 말한 "수수하고 슴슴한" 맛이 이것일까 하는 생각이 든다. 자극적인 맛에

을지면옥의 냉면(다음 쪽)과 주방 풍경(위)이다.
메밀 함량은 계절에 따라 바뀌는데,
70~80퍼센트 정도 들어간다. 면발은 가늘다. 고명으로
쇠고기와 돼지고기의 편육이 오르고 파, 고춧가루가 뿌려진다.

길들여진 사람들은 밋밋한 맛에 아쉬워하지만, 한두 번 먹어 보고는 시원하고 상쾌한 맛에 중독성을 느껴 다시 찾아오는 사람도 적지 않다.

냉면집 이야기를 하면서 '선주후면先酒後麵'이라는 말을 자주 쓴다. 말 그대로 먼저 술을 마시고 면으로 마무리를 한다는 뜻이다. 이 말은 평양을 중심으로 한 관서 지방에서 손님에게 술을 대접하고 그다음에는 쇠고기 또는 닭고기 등으로 꾸미를 올린 메밀국수를 대접하는 방식에서 유래되었다고 한다. 술로 생기는 홍분과 열기를 시원한 메밀국수가 잡아 준다는 그럴싸한 이유가 있다. 선주후면으로 안성맞춤인 냉면집이 또한 을지면옥이다. 이곳을 찾는 손님, 특히 중장년의 남자 손님들 대부분은 편육에 소주를 한잔하고 냉면을 먹는다.

"냉면집은 대부분 수육이나 편육 같은 삶은 고기 안주를 내죠. 삶은 고기 메뉴가 없는 냉면집은 직접 육수를 내지 않는 경우가 많아요. 저희 가게 손님 중에 간단하게 편육에 소주 한잔하시고 그 후에 냉면을 드시는 분들이 많죠. 혼자서 오시는 분도 많고, 점심 때 오시는 분들도 계시는데, 소주 한 병을 다 못 드시고 가는 경우가 많아요. 그래서 200밀리리터짜리 팩소주를 생각하게 됐죠." 형과 함께 가게를 꾸려 가는 이성민 씨(58)가 말한다. 흔히 '소주 반병'으로 불리는 팩소주 값은 2,000원이다. 혼자 와서 반주를 즐기는 노인들을 위한 섬세한 서비스다.

편육에 소주 반 병을 시켜 낮술을 시작한다. 적당히 취기가 돌 때 냉면 한 그릇을 시킨다. 후루룩 후루룩 소리를 내며 힘차게 면을 빨아 올린다. 그러고는 냉면 그릇을 들어 국물을 들이켠다. 그리고 외친다. "냉면 국물 더 주시오, 아이구나 맛 좋다!"

돼지고기편육 반에 반 병짜리 소주 그리고 냉면 한 그릇.
냉면집에 혼자 오는 노신사들은 으레 이렇게 냉면을 먹는다.
그들은 대부분 이북 출신이며, 앞에 놓인 음식은
실향의 고통을 잊기 위한 것이다. 웃음 뒤에는 깊은 슬픔이 있다.

12

오장동 함흥냉면

평양냉면은 한국전쟁 이전부터 이미 서울의 별미로 이름이 나 있었다.
그에 비해 함경도의 회국수, 감자농마국수는 그리 알려진 음식은 아니었다.
함흥냉면은 이북에서 쓰이던 말이 아니다.
한국전쟁 후 함경도 출신 실향민들이 명성 높은 평양냉면에 대항하기 위해
자신들의 고향 음식인 회국수, 감자농마국수에 함흥냉면이라는 이름을 붙였다고 한다.
이런 비교 덕분에 열세에 있던 함흥냉면이 덕을 보았을 수도 있다.
이유가 어떻게 됐든 함경도에서 즐겨 먹었던 회국수,
감자농마국수는 이남으로 내려와 함흥냉면이라는 이름으로 불리게 된다.

타향살이 매운맛을 매운 양념으로 달래다

함경도 사람 하면 강인하다, 억척스럽다, 끈기 있다, 자립심이 강하다, 기가 세다 등으로 표현되는 기질을 떠올린다. 함경도 사람을 이전투구泥田鬪狗라는 말로도 비유하는데, 이는 척박한 자연환경에서 오는 끈질긴 생명력을 대변한다. 또한 함경도 사람들의 기질을 입이 얼얼하게 맵고, 씹어도 씹어도 좀처럼 끊기지 않는 함흥냉면과 연관시키기도 한다.

衣服品(의복품)으로 麻布(마포)가 만흐닛가 布衣(포의)가 만타. 冬節(동절)은 치운지라 毛皮服(모피복)을 만히 입는다. 식량으로는 조와 甘藷(감저)가 만타. 그래서 조밥을 먹으며 甘藷(감저)국수를 먹는다. 風寒署濕(풍한서습)이 심한 곳이다. 그래서 집은 겹집이다.

—《개벽》제43호(1924. 1. 1) 기사 '그러면 咸北의 大體가 엇더한가' 중에서

이번은 咸鏡道(함경도) 대표의 北魚(북어)찜이며 미역국이며 감저

국수며 귀리밥이며 鰱魚(연어)국이며 元山(원산) 白鷄湯(백계탕)이 나

온다. 백계탕 좆타고 모다 벙글거린다.

　　　　　　　　　—《개벽》제61호(1925. 7. 1) 기사 '八道代表의 八道자랑' 중에서

　척박한 환경을 가진 함경도의 음식 이야기를 담고 있는 기사들

이다. 농사를 지을 수 있는 편한 땅이 한 뼘도 되지 않는 함경도에

서, 사람들은 대개 조밥과 감저국수를 먹는다. 원래 고구마를 의미

하던 감저甘藷는 후에 감자를 가리키는 말이 되니, 감저국수는 감

자국수를 뜻한다. 1920~30년대 잡지를 보면 산간 지방인 함경도

에서는 "소불알 말불알 같은 감저"가 많이 나왔으며 감저제식법이

발달했다고 전한다.

　한국전쟁 이후, 서울에 거주하는 함경도 출신의 실향민들이 고

향에서 즐겨 먹던 감자 전분으로 면을 뽑고, 꾸미로 가자미, 명태

회무침을 올린 회국수와 감자농마국수를 만들어 팔기 시작했다.

인용한 기사에는 감저국수 만드는 법을 구체적으로 소개하고 있지

않으나 감자농마국수와 비슷한 국수가 아니었을까.

이로 끊지 못하면 손의 힘을 빌려

평양냉면은 한국전쟁 이전부터 이미 서울의 별미로 이름이 나 있었다. 그에 비해 함경도의 회국수, 감자농마국수는 그리 알려진 음식은 아니었다. 함흥냉면은 이북에서 쓰이던 말이 아니다. 한국 전쟁 후 함경도 출신 실향민들이 명성 높은 평양냉면에 대항하기 위해 자신들의 고향 음식인 회국수, 감자농마국수에 함흥냉면이 라는 이름을 붙였다고 한다. 이런 비교 덕분에 열세에 있던 함흥냉 면이 덕을 보았을 수도 있다. 이유가 어떻게 됐든 함경도에서 즐겨 먹었던 회국수, 감자농마국수는 이남으로 내려와 함흥냉면이라는 이름으로 불리게 된다.

1950~60년대 을지로, 동대문, 청계천을 중심으로 터를 잡았던 함흥냉면집들은 그 지역에 거주하는 실향민뿐만 아니라 서울 토박 이들에게도 서서히 인기를 얻기 시작한다. 그 후 함흥냉면이라는 깃발을 내건 냉면집들이 서울 곳곳에 생기게 된다.

함흥냉면을 먹는 '매너'가 익숙지 못한 동창 K는 먹어도 끊겨지 지 않는 국수를 손으로 끊는 에피소드를 남겨 이 집은 내게 곧잘 웃 음을 주곤 한다. 처음 맛을 들였을 땐 일주일에 3번 이상을 찾아가 는 정열을 보이기도 한 열성파. 마지막으로 따끈따끈한 육수를 마시는 기분이란 무엇으로도 표현할 수 없을 정도. 다정한 친구를 만났거나 간혹 우울할 때도 매큼하고 쫄깃한 냉면을 먹노라면 모든 것이 평온해진다. 이 집은 내게 식도락의 경지를 넘어서 행복감을 느끼게 하는 다정한 곳이다.

—《매일경제》(1969. 4. 2) 기사 '나의 단골집 함흥냉면' 중에서

위는 당시 보사부 부녀과에 다니던 여성이 쓴 글이고 아래는 대학 1학년의 농구 선수가 동료들과 즐겨 먹던 함흥냉면을 외국에서 그리워했다는 글이다.

그 맵고 뒷맛이 개운한 함흥냉면을 먹노라면 어느새 음식 맛에 휘말려들고 만다. 특히 질겨서 잘 끊어지지 않아 울면서 먹고 있는 동료들의 모습을 훔쳐보노라면 엿보는 재미가 만점이랄까. 지난번 원정 중에도 우리는 함흥냉면의 맛을 잊지 못했다.

—《매일경제》(1969. 8. 16) 기사 '함흥냉면, 해외에서도 못 잊던 감칠맛' 중에서

두 기사로 미루어 보아 매운 음식이 많지 않았던 시기, 맵고 개운한 뒷맛에 눈물이 날 정도로 질긴 함흥냉면은 먹는 재미가 있는 이색음식으로 인기를 끌었던 듯하다. 이로 면을 끊지 못하고 손의 힘을 빌릴 수 밖에 없었다는 것이 격세지감을 느끼게 하는데, 1970년

대 중반까지만 해도 가위로 면을 뚝뚝 자르는 일은 없었던 것 같다. 오장동에서 함흥냉면을 즐겨 온 사람들의 말에 의하면 1970년대 말부터 가위로 면을 자르기 시작한 것 같다고 한다. 우래옥의 김지억 전무가 "함흥냉면을 가위로 자르기 시작하면서 입술로도 잘 끊기는 평양냉면도 무조건 가위로 잘라 달라고 하는 손님이 늘어 안타까웠다"고 한 적이 있다.

오장동을 열다, 흥남집

서울에서 함흥냉면 하면 모두 중구 오장동을 떠올리지만, 실제 오장동에 함흥냉면 전문점은 세 곳밖에 없다. 1953년 문을 연 '오장동흥남집', 이듬해 문을 연 '오장동함흥냉면집' 그리고 열네 살 때부터 '오장동함흥냉면집'에서 냉면 만드는 일을 했던 맹강호 씨가 1978년에 독립해서 문을 연 '신창면옥'이다.

오장동 삼인방 중 흥남집을 찾았다. 1층에 사람이 가득하다. 창업주인 고 노용원 할머니는 "눈보라가 휘날리는 바람 찬 흥남부두"의 흥남이 고향이다. 전쟁통에 서울로 피난 내려온 할머니는 생계를 위해 1953년에 함흥냉면집을 차렸다. 허름한 판잣집 식당으로 이름은 '흥남옥'이라 했다. 그러나 이곳을 찾는 실향민들이 '흥남집'

오 장동의 함흥냉면집이다. 함흥냉면은 시원한 맛으로 먹는 것도 아닌데
여름에만 붐빈다. 냉면이라는 이름이 주는 착각이다.

이라 부르면서 자연스레 '오장동흥남집'이 되었다.

"처음에는 북쪽에서 내려온 실향민들이 많이 오셨죠. 고향분들이 모여 함께 오시곤 했어요. 고향 친구들과 함께 모여 고향 음식을 먹으며 고향 얘기며 타향살이 설움을 나누던, 뭐랄까 사랑방 같은 공간이었던 것 같아요. 이제 자식분들이 대를 이어 이곳을 찾아오시죠." 흥남집을 이어받은 노용원 할머니의 손자 윤재순 씨(57)의 말이다.

햇살이 쏟아지는 뜨거운 늦여름이지만, 역시 함흥냉면 전문점답게 물냉면보다 회냉면이나 비빔냉면을 주문하는 손님이 많다. 주방 안쪽에서는 냉면을 담는 사람들의 손동작이 바쁘다.

"지금 서울에서는 다 고구마 전분 쓰잖아, 함흥에서 먹던 냉면은 감자 전분으로 만들었지. 시골에는 국수분틀이 있어서 직접 국수를 뽑아 먹지만, 도시는 어디 그런가. 함경도는 감자가 흔하잖아. 특히 함경도 장진이라는 곳이 감자로 유명했어. 이곳 사람들이 감자 녹말을 만들어 함흥에 팔러 다녔지. 우리는 미곡상회에서 그 녹말을 사서 삯국수(삯을 받고 눌러 주는 국수)를 해 가지고 와 집에서 육수, 김치를 넣어 입맛대로 만들어 먹었지. 녹말국수라고도 하고 냉면이라고도 했지." 1.4후퇴 때, 스무 살의 나이로 함흥에서 피난 온 김용수 옹(84)이 기억하는 함흥의 녹말국수는 감자 전분으로 뽑은 면이었다. 집에서도 해 먹었지만 함흥 시내에 있는 면옥집에도 자주 다녔다 한다. 그도 서울에 정착하면서 자주 함흥냉면을 먹으러 다녔다. 홍남집도 그중 한 곳이다. 그는 맵지 않게 먹는다.

홍남집도 초창기에는 감자 전분을 사용했으나 고구마 전분을 사용한 지 오래되었다. 감자 전분과 비교해 차이가 거의 없으면서 고소한 맛이 더 있고 값이 싸고 구하기 쉽기 때문이라 한다. 다른 함흥냉면집도 대부분 마찬가지다. 홍남집은 제분소에서 가져온 고구마 전분을 직접 반죽한다. 전분은 미리 반죽을 해 놓을 수 없어 그때그때 반죽을 한다. 예전에는 손반죽을 했지만 지금은 손반죽과 기계반죽을 병행한다. 즉석에서 국수를 내리고 삶고 헹군다. 30년 경력자들이 각각 분담하고 있는 자신의 일을 신속, 정확하게 꾸려 합작품인 냉면 한 그릇을 만들어 낸다.

가오리회가 꾸미로 올라간 회냉면과 가오리회와 쇠고기편육이 함께 꾸미로 올라간 섞임냉면이 탁자 위에 올라왔다. 꾸미로 오르는 회 또한 가게에 따라, 시절에 따라 달라진다. 주로 가자미회, 명태회, 홍어회, 가오리회 등이 회냉면의 꾸미로 올라간다. 김용수 옹에 의하면 이북에서는 가자미회나 명태회를 많이 썼다고 한다.

"세끼미 하나 낼래 주라요!" 수수께끼 같은 주문이 접수되었다. 세끼미는 '섞였다'는 뜻의 이북 사투리로, 실향민들이 섞임냉면을 부르는 말이다. 꾸미가 풍성한 섞임냉면은 이곳의 인기메뉴다.

요즘 함흥냉면은 감자 대신 고구마 전분을 쓴다.
감자든 고구마든 전분면은 질겨 가위로 잘라야 먹을 수 있다.

참기름을 듬뿍 치고 설탕을 곁들여라

함흥냉면이 초창기부터 사람들의 입맛을 사로잡은 것은 당시로선 흔치 않은 맵고 달짝지근한 맛 때문이었다. 지금도 변함없이 각자 입맛에 맞춰 먹을 수 있도록 홍남집의 탁자 위에는 참기름, 식초, 겨자, 설탕, 붉은 양념장이 놓여 있다. 한쪽 벽면에는 다음과 같은 권장사항이 붙어 있다.

냉면을 더욱 맛있게 드시려면

준비된 양념─참기름, 식초, 겨자, 설탕, 양념장

주문하신 냉면에 준비된 양념을 취향에 따라 골고루 넣어 드시면 더욱더 맛있는 오장동 홍남집 냉면을 즐기실 수 있습니다.

권고대로 참기름을 두르고 설탕을 곁들여 본다. 매콤달콤한 양념과 식초의 톡 쏘는 향이 입안에서 퍼져 나가면서 풍성한 맛을 낸다. 그러나 자극적인 음식이 하도 많아 혀가 무뎌진 탓일까. 칼칼하고 얼얼한 매운맛이 조금 순해진 느낌이다. 양념장을 조금 더 넣어 본다. 알고 보니, 예전에 비해 매운맛을 뺐다 한다. 매운맛을 덜 선호하는 취향에 따라, 과거에는 청양고추를 사용했지만 지금은 일반 고추로 매운맛을 내고 있다는 것이다.

박목월 시인은 제자들을 동대문시장에 있는 함흥냉면집으로 데려가 매운 냉면을 먹게 한 뒤, "앞으로 살면서 고초를 겪을 때마다 이 집에서 땀 흘리며 먹은 냉면을 생각하며 견뎌라" 하고 말했다 한다. 눈물 쏙 콧물 쏙, 땀까지 송글송글 흘리다 보면 찾아오는 카타르시스, 그 카타르시스에 다시 평정심을 찾길 바라는 마음에 그런 것이 아닐까. 세상의 고초를 다 견딜 수 있게 할 것 같던 그 매운맛이 덜한 것이 못내 아쉽다.

사골 등을 푹 고아 우려낸 뜨거운 육수를 간간이 마셔 주는 것도 함흥냉면의 맛을 즐기는 방법이다. 얼얼해진 혀와 입천장에 뜨거운 육수가 닿은 순간의 짜릿함과 시원함은 이열치열의 맛이다. 평양냉면은 겨울에 먹어야 제맛이고, 함흥냉면은 이로 끊어 먹어야 제맛이라 한다. 가위질을 하지 않고 그냥 먹으리라 각오했건만, 끈기와 인내가 부족한 탓일까 결국 가위질을 하고 만다.

이것이 감자농마국수, 류경옥

1990년대 이후 심각한 식량난을 겪고 있는 북한을 빠져나온 탈북자들이 서울에 많이 살고 있다. 그들 중에 북한음식 전문식당을 차려 화제를 모은 사람들이 있다. 2010년 마포구 공덕동에 새로 개업한 '류경옥'도 새터민단체가 차린 북한음식 전문식당으로, 모든 직원이 새터민이다. 메뉴를 보면 신흥관냉면, 평양온면, 청진동태탕, 해주비빔밥, 원산시장국밥, 개성만둣국 등 북한 각지의 '대표음식'을 두루 갖추고 있다. 그중 신흥관냉면은, 말하자면 이북식 함흥냉면이다. 신흥관은 함흥 지역의 이름난 냉면 전문점으로, 평양의 옥류관만큼이나 북한에서는 유명한 식당이다. 실처럼 가늘지만 질기고 매끈한 면발에 명태회를 꾸미로 올린 감자농마회국수가 특히 인기가 높다 한다.

류경옥의 신흥관냉면은 감자 전분만으로 국수를 뽑는다. 양념을 올려 손님이 직접 비벼 먹게 하는 남한식 함흥냉면과 달리 미리 주방에서 면을 양념에 비비고, 찬 쇠고기 육수를 넉넉히 부어 내놓는다. 붉은빛의 명태회 위에 올려진 채썬 노란 알지단 꾸미가 섬세한 것이, 보는 맛까지 더해 준다. 양념이 되어 그 빛깔을 제대로 볼 수 없으나 회백색의 면이 곱다. 한 젓가락 들어 먹어 본다. 처음부터 가위를 대지 않은 정면승부다. 부드럽게 입으로 말려 들어간다.

이곳은 냉면 꾸미로 북한에서 많이 쓰는 명태회를 올린다. 생태를 식초에 한두 시간 절인 후 매콤한 양념장을 무쳐 사용한다. 함경도 출신의 실향민들이 모여 사는 속초 청호동 아바이마을에서도 명태회무침을 올린 냉면을 내고 있다. 일반 냉면집에서 자주 사용하는 가오리회무침보다 부드럽게 씹히고 감칠맛이 돈다.

이곳을 찾는 손님들은, 주말에는 탈북자 가족이 많지만 평상시에는 북한음식에 대한 호기심으로 찾아오는 일반 손님이 많다. 순대를 앞에 두고 북한산 소주를 마시고 있는 옆자리 손님들도 새터민이 직접 북한음식을 한다기에 궁금해서 회사 동료들과 함께 왔다고 한다. 실향민에 이어 이제 탈북자들이 자신들의 음식을 매개로 서울에 뿌리를 내리고 있다.

가위질을 하지 않은 면을 씹고 씹어 감자농마회국수 한 그릇을 비웠다. 씹다 보니 별로 어려운 것도 아니었다. 사실 그리 질긴 맛이 아니었다.

13

동대문 닭한마리

'닭한마리' 간판을 단 식당들이 보이기 시작한다. '소문난닭한마리',
'진원조닭한마리', '동대문닭한마리', '명동닭한마리' 등. 한 마리, 두 마리,
세 마리 할 때 그 '닭 한 마리'가 이곳에서는 특별한 모양새를 갖춘 음식 이름이다.
최근 들어 서울을 찾는 일본인 관광객에게 가장 '뜬' 한국음식, 아니
서울음식이기도 하다. 가이드북을 손에 든 일본인이며 중국인들이
'닭한마리'를 먹기 위해 골목길을 기웃거리며 긴 줄을 서서 기다린다.
그들에게 이곳은 '닭한마리의 메카'이다.

섬세한 일본인도 반한
터프한 한국 음식

1970년대 말의 어느 여름, 서울 변두리 동네 시장의 닭집 앞이다. 몇 단으로 쌓여 있는 닭장 안의 닭들이 서로 머리를 쪼아대고 있었다. 파득거리는 닭의 날갯죽지를 잡아 든 주인 아저씨가 "이놈이 괜찮다"며 권한다. 날개 잡힌 닭은 아저씨의 익숙한 칼놀림에 그 자리에서 외마디를 외치며 명을 다한다. 펄펄 끓고 있는 솥단지에 들어갔다 나온 후에는 온몸의 털도 야무지게 뽑혀 나간다. 언제부터인가 탈수기처럼 생긴 닭털 뽑는 기계가 나오면서 아저씨의 일이 줄었다. 털이 뽑힌 닭은 연홍빛의 우둘투둘한 살갗을 그대로 드러낸다. 배를 가르고 꺼낸 창자며 염통, 모래집 그리고 노란 알과 함께 '닭 한 마리'가 엄마의 장바구니에 고스란히 들어갔다.

장바구니 속의 '닭 한 마리'는 닭볶음탕이 되기도 하고 닭튀김이 되기도 했으나, 보통 백숙이 되어 상에 오르는 경우가 많았다. 닭한 마리를 푹 삶아 낸 백숙은 집에서 가장 쉽게 해 먹을 수 있는 보양식이었고 가족들을 상에 모이게 하는 매개였다. 큰 쟁반 위의 푹 삶긴 닭 한 마리가 상에 오르면 가족 모두 둘러앉아 먹기 시작한다. '닭 한 마리'에는 보이지 않는 서열이 존재한다. 닭다리를 좋아한다고 해서 잽싸게 닭다리를 가지고 왔다가는 위아래도 모르는 버르장머리 없는 녀석으로 눈총을 받기 일쑤다. 닭다리는 함부로 건드려선 안 되는 권력의 상징이었다.

고기를 다 먹어 갈 때쯤에는 닭을 삶아 낸 국물에 불린 쌀과 약간의 채소를 넣어 끓인다. 배추김치나 동치미와 같이 먹는 죽은 백숙의 또 다른 맛이었다. 어떨 땐 국물에 칼국수를 넣어 끓여 먹기도 했다. 이렇게 한 끼 먹고 나면 배가 든든하고 기운이 나는 것 같았다. 고기가 넘쳐 나는 지금은 닭 한 마리의 가치가 예전만 못하지만, 아직도 우리는 보신 하면 닭 한 마리를 제일 먼저 떠올린다.

외국인, 노인, 여자 손님만!

청계천의 전태일다리(버들다리)에서 종로로 향하는 사잇길은 예전에는 버스가 다니는 도로였으나 지금은 차가 다니지 않는다. 대신 동대문종합시장이 있는 탓에 언제나 사람들과 짐자전거, 오토바이, 포장마차 등이 엉켜 부산하고 거칠지만, 시장의 생동감을 느낄 수 있다.

식사 때가 되면 양은 쟁반을 겹겹이 머리에 이고 누군가의 끼니를 나르는 식당 아주머니들의 모습이 자주 눈에 띄기도 했다. 바지런히 걸어가는 모습이 곡예를 하듯 아슬아슬해, 불안한 마음으로 바라보곤 했다. 쟁반을 한 층 한 층 얹어 음식을 배달하는 아주머니들이 종종걸음으로 돌아가는 곳은 십중팔구 '생선구이 골목', '닭한마리 골목'으로 알려진 좁은 골목길이었다.

해가 저물기 시작할 즈음에 그 골목길에 들어섰다. 골목 입구 왼쪽에 '호남집', '전주집', '생선본가' 등 고만고만한 간판을 낸 가게들이 늘어서 있다. 백열등이 걸린 생선구잇집의 풍경은 예나 지금이나 크게 변한 것이 없다. 흑백의 시선으로 보면 1970년대의 풍경이다. 종로 피맛길에 옹기종기 모여 있던 생선구이 식당들이 재개발로 인해 사라지고 나서, 이제 서울 중심가에 서민적인 생선구이 골목이 남아 있는 곳은 충무로 인쇄소 골목과 이곳뿐이다. 식당 입구 바깥 연탄화덕 위에서 생선을 굽는다. 좁은 골목에 퍼지는 생선 굽는 냄새에 따끈한 밥 한 그릇과 막걸리 한잔 생각이 절로 난다. "잘해 줄게요! 와서 한번 먹어 봐요." 아주머니들의 싹싹한 말씨에 발걸음이 주춤거리게도 된다.

생선구이 냄새의 유혹을 뿌리치고 몇 걸음 앞으로 가면 이제는 '닭한마리' 간판을 단 식당들이 보이기 시작한다. '소문난닭한마리', '진원조닭한마리', '동대문닭한마리', '명동닭한마리' 등. 한 마리, 두 마리, 세 마리 할 때 그 '닭 한 마리'가 이곳에서는 특별한 모양새를 갖춘 음식 이름이다. 최근 들어 서울을 찾는 일본인 관광객에게 가장 '뜬' 한국음식, 아니 서울음식이기도 하다. 가이드북을 손에 든 일본인이며 중국인들이 '닭한마리'를 먹기 위해 골목길을 기웃거리며 긴 줄을 서서 기다린다. 그들에게 이곳은 '닭한마리의 메카'이다.

낮인데도 사람들로 붐비는 '진옥화할매닭한마리'에 자리를 잡았다. 2008년, 허름한 한옥에 페인트로 쓴 시골스러운 간판을 달고 있던 '진할매닭한마리'에 화재가 났다. 이듬해 예전 자리에 3층짜리 상가건물이 설 때까지 영업을 멈추었던 진할매닭한마리는 간판을 '진옥화할매닭한마리'로 바꿔 다시 영업을 시작했다. 고만고만한 집들 사이에 들어선 번듯한 건물이 골목과 겉도는 느낌은 어쩔 수 없다.

"닭한마리 주세요." 메뉴가 '닭한마리'뿐이라 새삼스럽지만, 주문을 넣어 본다. 가스불 위에 일명 '세숫대야'라 불리는 찌그러진 은색 양푼이 올려진다. 양푼 안에는 등을 위로 돌린 닭 한 마리가 통째로 육수에 반쯤 잠겨 있고, 칼집 크게 낸 등에는 생뚱맞게 감자가 박혀 있다. 큼지막한 양푼 속에 담긴 닭 한 마리라. 천렵이니 복달임이니 하며 찌그러진 솥을 들고 산이며, 들, 강을 찾아가 닭을 고아 먹던 시골의 모습이 떠오른다.

살짝 삶겨 나온 닭 한 마리는 손님이 직접 조리하고 먹기 좋게 잘라야 한다. 섬세한 서비스를 바라면 안 된다. 외국인이나 여자 손님만 있는 곳, 노인 손님을 제외하고는 스스로 해결하라는 벽보까지 붙어 있다. 요리하기 좋아하는 지인이 두말없이 가위와 집게를 들고 닭을 해체하기 시작한다. 뼈 사이사이 가위질을 넣는 것이 쉽지 않을 듯한데, 그런대로 익숙한 솜씨다. 가게 아주머니가 와서 서서 자르면 잘 잘린다고 힌트를 주고 간다. 잘한다 싶었는데 더 잘하려다 그런 걸까, 자르던 닭고기가 집게에서 미끄러져 모두 한바탕 웃기도 한다.

닭을 자른 후에는 다진 마늘을 육수에 넣는데, 육수가 끓기 시작하면 소스를 만들어야 한다. 뻘건 다대기에 겨자와 식초를 알맞게 풀고 맛간장으로 간을 맞춰 자기만의 소스를 만드는 것이다. 양푼 속의 육수가 보글보글 소리를 내며 10분 정도 힘차게 끓었을 즈음, 밀가루 가래떡이 육수 위로 떠오른다. 먼저 건져 소스에 찍어 먹는다. 익은 고기와 감자, 파 등을 차례로 건져 소스에 찍거나 육수와 함께 먹는데, 그 사이사이 술 한 잔씩 하는 것도 잊지 않는다. 심심한 듯 신맛이 도는 배추김치를 먹으면서 입가심을 해도 좋고, 육수

닭 한마리 상차림. 썰렁하다. 이 썰렁함을 극복하려고 닭 등짝에 감자를 꽂았는데,
이게 더 '엽기'로 보인다. 닭은 손님이 직접 해체해야 한다.

닭국물이 심심하다. 김치를 더하면 먹을 만해진다.
김치는 시원한 맛이 나게 젓갈이 안 들었거나 거의 들지 않았다.

가 밋밋하고 느끼하면 김치나 고춧가루 다대기를 넣고 끓여도 좋다. 기본만 빼놓고 모든 것이 손님에게 맡겨진다.

'닭한마리'는 손님의 참여를 권하는 음식이다. 여행사를 경영하는 어느 손님은 식사하면서 술 한잔하기 좋아 회식 장소로 이곳을 자주 찾는다고 한다. 요리를 한다고까지는 할 수 없지만, 고기를 자르거나 김치를 넣거나 자기 취향에 맞춰 맛을 조정할 수 있는 것이 또 다른 재미라고 한다. 바람이 차가워지는 겨울이면 이곳을 더 찾는다. 닭 한 마리에 18,000원. 끼니이자 안주, 보양 세 박자가 맞아떨어지고 가격도 저렴하니 좋아할 이유는 충분하다.

격식을 버리고 떠들썩하게 즐기다

옆자리에 일본인 남녀 한 쌍이 앉아 닭을 자르고 소스를 만들고 있다. 그 손길이 제법 익숙하다. "서울 올 때마다 들러요. 전 네 번째예요. 맛있고 여러 맛을 느낄 수 있어 좋아요. 지난번 부산에 갔을 때 닭한마릿집을 찾지 못해 아쉬웠는데 이제 먹게 되어 너무 좋아요." 30대의 일본인 여성이 흥분한 어조로 말한다. '닭한마리'는 이 좁은 골목을 떠나 밖으로도 퍼져 나갔지만, 지방에서는 '닭한마리' 전문점을 찾기 힘들고 이 음식을 알지 못하는 사람들도 많다. 이는 서울 동대문 닭한마리 골목에서 시작된 '닭한마리'가 아직 서울 울타리를 벗어나지 못한 신종 서울음식이라는 것을 말하는 방증이기도 하다.

일본 사람들이 '닭한마리'를 좋아하는 것이 재미있다. 가장 섬세한 음식을 자랑하는 일본인들이 가장 거칠고 터프한 한국음식에 빠져든 것이기 때문이다. 양도 푸짐한 데다 고기, 국물, 국수까지 즐길 수 있는 일석삼조의 맛이 있어 좋다고도 하고, DIY 가구처럼 자신의 손으로 맛을 만들어 가는 것이 즐겁다고도 한다. 닭고기는 일본에서도 흔히 쓰이는 식재료이기에 일본 사람들은 한국의 닭요리도 별 거부감 없이 잘 먹는다. 그중 맵지 않은 삼계탕을 아주 좋아한다. '닭한마리'는 맵지 않으면서 삼계탕과 달리 찌그러지고 큼지막한 양푼 하나를 두고 일행이 다 같이 떠들썩하게 즐긴다. 예의와 규칙에 피곤해진 일본인들에게 '닭한마리'는 파격적이면서 자유로운 음식이기도 하다.

"닭한마리 국물은 일본인들에게 익숙한 맛이에요. 닭한마리의 국물을 먹고 있으면 일본 라면이 생각나지요. '이 국물로 라면을 끓이면 어떨까, 맛있을 거야'라고 생각하는 일본인이 적지 않아요." 20년째 한국을 왕래하고 있는 야마시타 씨(56)는 닭한마리 국물을 먹다 보면 일본 라면이 먹고 싶어진다고 한다. 그 마음을 아는 듯 마지막에 칼국수를 넣어 주기 때문에 더 만족스러운 음식이 된다.

그가 말을 잇는다. "일본에는 닭 한 마리가 통째로 나오는 요리가 제가 아는 한 없어요. 일본의 다테이시立石라는 곳에 도리후사鳥房라는 이자카야가 있는데 옛날식으로 닭 반 마리를 튀긴 메뉴가 굉장히 인기가 끌고 있어요. 한 마리도 아니고 반 마리인데, 그 색다름에 타 지역 사람들까지 와서 줄을 서서 먹지요. 한국에는 통닭이며 삼계탕이며 닭 한 마리가 통째로 나오는 요리가 많죠. 닭한마리는 그중에서는 가장 다이내믹하고 서민적이지만 호사스러움 같은 것이 있죠. 그리고 격식 없이 편안하게 자기 마음대로 먹을 수 있어서 좋아요."

그의 말처럼 닭 한 마리가 통째로 나오는 요리는 일본에서 거의 볼 수 없다. 또한 슈퍼마켓에서도 닭은 토막을 쳐서 팔지, 한 마리를 온전히 파는 일은 없다. 일본 유학 시절, 여름에 백숙을 해 먹으려고 동네 슈퍼마켓을 다 돌아다녀도 온전한 생닭 한 마리를 구할 수가 없었다. 결국 고기 유통업을 하는 분에게 특별히 부탁해 생닭 한 마리를 구해 백숙을 했다. 그 백숙을 대접받은 일본 친구들은 "스고이(대단하다)", "오이시(맛있다)"라는 말을 수없이 했다. 어쩌면 손질해 토막 내지 않은 '덜 친절한' 닭 한 마리의 풍요로움과 원초적인 파워에 감동을 받은 것인지도 모르겠다.

잘나가는 닭한마리의 그늘

기다리는 손님에게 자리를 내주고 나와 골목길을 거닐었다. 닭한마리 골목에서 몇 발짝만 가면 신진시장이 나온다. 이곳은 원래 미군이나 한국군부대에서 뒤로 나온 군복이나 담요 등을 팔던 곳으로 유명했다. 군복은 기능적이고 튼튼해 오랫동안 인기를 얻었다. 조금만 수선해서 또는 염색해서 입으면 훌륭한 작업복이 되기도 하고 외출복이 되기도 했다. 그러나 이제는 군복을 파는 아주머니들의 모습을 찾기 힘들다. 그 대신 안주와 술을 파는 좌판과 곱창을 내는 식당들이 자리를 잡았다. 옷수선하는 미싱집도 많았는데, 이제 나이 든 미싱쟁이 할아버지 한 분만 외롭게 이곳을 지키고 있을 뿐이다.

서울 시내 골목들이 '개발'이라는 이름으로 세월의 흔적, 사람의 흔적을 잃어 가고 있다. 그래서 세월의 맛과 사람의 온기가 느껴지는 골목이 더 그립고 소중하다. 이 골목 또한 그렇다. "닭한마리가 뜨면서 골목을 다니는 사람들이 많아지는 건 좋은데, 그러다 보니 새로운 업종들이 자꾸 들어오고 집세는 높아지고. 이러다가 개발한다고 뭐라고 할지 모르겠어요. 잘나가는 집이야 좋지만 우리 같은 영세한 식당은 더 힘들어지는 거지." 20년간 생선구이를 했다는 한 아저씨의 푸념처럼, 이곳의 변화가 심상치 않다.

닭한마리 골목은 인근 시장에서
벌이를 하는 사람들로 분주하다.
하지만 저녁에는 닭한마리를 먹고자 찾아온
외지인들이 더 많이 눈에 띈다.

14

신길동 홍어

서울에서 삭힌 홍어가 인기를 얻으면서 홍어음식 역시
서울 사람들의 입맛에 맞춰 변해 가고 있다. 전라도 사람들,
특히 삭힌 홍어회를 즐겨 먹는 전라남도 아랫녘 사람들은,
좀 과장해서 입천장이 '홀라당 까질' 정도로 푹 삭힌 홍어를 즐기지만,
그렇게 하면 맛이 너무 강해 서울의 타지 손님들이 먹기 힘들어한다.
그러다 보니 전라도 출신 손님들이 대부분이었던 예전에 비해
지금은 먹기에 부담이 적은 덜 삭힌 홍어를 내는 경우가 많아졌다.
이 말은 서울에서 홍어회를 먹는 손님층이 다양해졌고,
그에 따라 맛의 보편화가 이루어지고 있다는 것을 의미한다.
이제 "푹 삭힌 거"라고 주문하지 않는 한
적당히 타협한 서울의 홍어 맛을 보게 된다.

홍어는 삭혀야 맛인 거라

서울에 홍어 골목이 있다!

2000년대 후반, 막걸리 '붐'이 일면서 '홍탁'이라는 이름으로 막걸리와 홍어를 내는 집들이 늘어난 것이 사실이다. 하지만 목포도, 영산포도, 광주도 아닌 서울에 홍어 골목이 생기다니, 그건 '의외'의 일이었다. 정치성이나 지역성을 두고 하는 말이 아니다. 그건 삭힌 홍어에서 풍겨 나오는 냄새에서 오는 놀라움이었다. 을지로3가역 4번 출구에서 나와 사잇길로 들어간 뒷골목에 가끔 드나드는 대폿집이 하나 있다. 안주로 홍어회를 내곤 했는데, 언젠가 갔더니 메뉴판 홍어회에 막대기 두 줄이 그어 있었다. 이유인즉, 삭힌 홍어의 냄새가 고약하다는 주변의 원성 때문에 더 이상 홍어회를 팔지 않기로 했다는 것이다. 굽고 지지고 볶고 끓이는 수많은 음식 냄새 속에 살지만, 삭힌 홍어의 냄새는 그리 호락호락하지 않다. 그 음식에 대한 호불호를 떠나서 그러하다. 골목 모퉁이에 홍어 내는 집 하나만 있어도 그러한데, 홍어 내는 가게들이 모여 있는 서울의 골목이라. 그 냄새를 상상하면 의외의 일이 아닐 수 없었다.

서울의 홍어 골목은 영등포구 신길4동 214~215번지 일대인 우신초등학교 사거리 쪽에 있다. 찜통더위가 좀처럼 가시지 않는 8월의 끝자락 오후에 그곳을 찾아 나섰다. 하필 그 더운 날 회를 먹는가 하겠지만, 먹고 탈 없는 음식으로 홍어만큼 회자되는 것도 없다. '회'라 불리되 다른 차원(암모니아 발효)의 '삭힌' 생선회이니 그리 걱정할 필요는 없었다.

신길역에서 내려 걸어가는 길, 녹음이 우거진 공원이 보인다. 이곳이 1933년 세워진 조선기린맥주를 이어받은 오비맥주 공장이었다고 한다. 도심의 산업지대인 영등포의 한 자리를 차지하고 있는 이곳 또한 산업화 과정에서 수많은 외지 사람들을 불러들였을 것이다. 그중에 호남선을 타고 올라온 사람들이 특히 많았을 것이다.

20분 정도를 걸으니 홍어 골목이다. 2차선 도로 한편에 고만고만한 식당 아홉 개가 '홍어'라는 간판을 이고 어깨를 나란히 서 있다. 골목이라기보다는 도로라고 하는 것이 맞다. 길에 들어선 순간부터 삭힌 홍어의 암모니아 냄새가 풍겨 나온다. 거미줄 같은 골목길이 아니어서일까, 아니면 삭힘의 정도가 약해서일. 그것도 아니면 냉장시설이 잘 되어서일까. 상상했던 것에 비해 그리 독한 냄새는 아니다.

간판마다 '원조'를 강조한다. 세련되지 못한 원색의 간판들이 오히려 순박한 느낌을 준다. 이곳에서 가장 오래된 홍엇집은 '원조홍어집'이다. 1995년, '5.18민주화운동에 관한 특별법'이 제정되고 신군부세력에 대한 심판이 이루어진 그해에 시작한 집이다. 길가에 자리를 펴고 홍어와 막걸리를 쟁반에 담아낼 정도로 인기가 좋아서, 곧 옆 가게 하나를 더 얻어 영업을 했다. 문전성시를 이루는 '원조홍어집'을 지켜보던 인근 식당 주인들의 마음이 동요하기 시작했다. 중국집이, 고깃집이 홍어를 내는 막걸릿집으로 하나둘 바뀌기 시작했다. 그렇게 서울에 홍어 골목이 생겨났다.

홍어는 보리순이 나올 때 맛나제!

'원조홍어집'은 현재 전라도 신안군 안좌도에서 태어난 오종식 씨(69)와 충청도 논산에서 태어난 그의 아내 천복순 씨(66)가 함께 꾸려 나가고 있다. 스물여덟 살, 결혼할 때까지 삭힌 홍어는 입에 대 본 적도 없던 아내 천씨는, 홍어라면 자다가도 벌떡 깬다는 전라도 섬 남자를 만나 이제는 홍엇집의 안주인까지 되었다.

"어릴 때부터 삭힌 홍어를 먹었어요. 항아리에 지푸라기를 깔고 홍어를 넣어 삭혔지요. 서울에 올라와서는 엄니가 어물전에서 홍어를 사서 삭히셨어요. 식구, 친척, 고향 친구들이 모이면 함께 먹곤 했죠. 동생이 이곳에서 처음으로 홍엇집을 시작했어요. 동생이 그만두면서 8년 전부터 저희 부부가 하고 있습니다." 전라도 섬 남자 오종식 씨가 홍엇집을 하게 된 연유다.

오씨의 말에 의하면 12월 말에서 파릇한 보리순이 얼굴을 내밀 무렵인 2월까지가 홍어 맛이 제일 좋다고 한다. 된장을 풀어 홍어애(창자)와 보리순을 넣고 끓여 낸 홍어애탕 또한 그에게는 잊을 수 없는 고향의 맛이다. "고향 생각에 보리순을 넣고 홍어탕을 끓여 손님상에 냈는데, 서울 사람 입에는 깔깔한지 반응이 별로 좋지 않더라구요. 그래서 지금은 보리순을 넣지 않고 미나리를 넣고 끓입니다."

서울에서 삭힌 홍어가 인기를 얻으면서 홍어음식 역시 서울 사람들의 입맛에 맞춰 변해 가고 있다. 전라도 사람들, 특히 삭힌 홍어회를 즐겨 먹는 전라남도 아랫녘 사람들은, 좀 과장해서 입천장이 '홀라당 까질' 정도로 푹 삭힌 홍어를 즐기지만, 그렇게 하면 맛이 너무 강해 서울의 타지 손님들이 먹기 힘들어한다. 그러다 보니 전라도 출신 손님들이 대부분이었던 예전에 비해 지금은 먹기에 부담이 적은 덜 삭힌 홍어를 내는 경우가 많아졌다. 이 말은 서울에서 홍어회를 먹는 손님층이 다양해졌고, 그에 따라 맛의 보편화가 이루어지고 있다는 것을 의미한다. 이제 "푹 삭힌 거"라고 주문하지 않는 한 적당히 타협한 서울의 홍어 맛을 보게 된다.

주방 한쪽에서 새콤한 향이 풍겨 온다. 사진을 찍을 요량으로 가까이 가 보니, 아내 천씨가 오늘 낼 홍어무침을 버무리고 있다. "아줌마 고춧가루 조금만 더 넣어 봐요. 그리고 깨도 좀 넣구요." 버무리던 손을 뺄 수 없던 그녀가 일하는 아주머니에게 양념을 넣으라고 재촉한다.

숨 쉴 때마다 새콤한 향이 코를 자극하고 빨강 옷을 입은 홍어회며 채소들이 눈을 자극한다. 주책없이 군침이 돈다. "홍어회 무칠 때는 굵은 고춧가루를 쓰지요. 그래야 때깔이 좋아요." 낯가림을 하던 그녀가 마침내 말을 건넨다. 그러고 보니 굵은 고춧가루의 질감이 마른 홍고추를 물에 불려 확독에 갈았을 때와 닮았다. 꿀꺽, 침을 삼킨 것을 눈치 챈 것일까, 그녀가 버무린 홍어회에 채소를 곁들여 조심스레 입에 넣어 준다.

쫄깃쫄깃 씹히는 홍어와 아삭거리는 채소의 맛이 새콤달콤 상큼하다. 접시 위에 푸릇한 생미나리를 깔고 그 위에 홍어무침을 한 주먹 담아 주는 천씨. 서비스란다. 초록 위에 붉은 빛깔은 더 탐스럽고 먹음직스럽다. 사실, 시고 달고 매콤한 홍어무침의 맛은 양념의 맛이다. 막걸리의 순한 맛과 잘 어우러지지만, 신맛이 강해 서로 충

취재를 하며 서비스로 받은 홍어무침이다.
삭힌 홍어는 아직 어려운 손님들이 새콤달콤매콤한 맛으로 홍어를 즐긴다.

돌하기도 한다.

여자 손님 둘이 홍어무침을 안주로 막걸리를 나누고 있다. 동네 아주머니들이라 하는데, 그들에게는 아직 삭힌 홍어가 어렵다. 그들에게 익숙한 맛은 홍어무침이다. 잔칫상에 자주 오르는 홍어무침은 "홍어회 못 먹어요" 하는 서울 사람들도 젓가락이 쉽게 가는 서울식 홍어음식이다.

주문했던 삼합이 나왔다. 삭힌 홍어와 삶은 돼지고기 그리고 묵은 김치. 물론 새우젓도 따른다. 탁주(막걸리)도 있으니 '홍탁삼합'이 제대로 갖춰졌다. 기름이 잘 오른 돼지고기 위에 묵은 김치를 올리고 그 위에 향이 강한 홍어를 얹으면 삼위일체를 이룬다. 입안 가득 삼합을 넣고 오물오물 씹으니, 각각의 맛이 뒤섞인다. 여기서 끝나면 홍탁삼합이 아니다. 잘 익은 막걸리 한 사발이 목을 타고 들어가야 비로소 홍탁삼합이 완성된다.

1998년 전라도 출신 김대중 대통령이 취임하면서 전라도 사람들 사이에서 암호같이 쓰이던 삼합이라는 음식이 매스컴에 자주 오르내렸다. 미식가들 사이에서 찬사를 받으며 서울 한정식집의 고급 메뉴로 신분이 상승한 삼합은, 이제 웬만한 사람이면 다 아는 음식이 되었다. 내가 처음 삼합을 먹은 때는 1997년, 목포에서도 흑산도 홍어만 낸다는 '금메달식당'에서였다. 그때만 해도 홍어 잡는 어선이 몇 척 되지 않아 흑산도 홍어가 금값이던 시절이다. 맛 좀 안다는 사람이라면 삼합의 절묘한 맛을 느낄 줄 알아야 한다는데, 부드러움과 꼬들꼬들함 그리고 퀴퀴함과 시큼함이 입속에서 놀아나는 그 생경함에 혼쭐이 난 적이 있다. 그 후로 삼합을 즐겨 먹게 되었으나 미식가며 호사가들이 말하는 깊은 맛의 합일까지는 아직 다다르지 못했다.

아직 삭힌 홍어회에 대한 호불호는 심하게 갈리지만, 홍어회는 이제 특정 지역을 떠나 토박이며 각지에서 몰려든 사람들이 어깨를 비비며 살고 있는 서울의 별미로 등극했다. 어느 음식보다 지역성이 강한 홍어회의 상경上京. 이제 사람들은 홍어회를 보면서 특정 지역에 대한 저급한 감정을 들이대지 않는다. 그저 기호嗜好가 있을 뿐이다.

흑산도 홍어 아니라도 국산은 특별대우

원조홍어집 바로 옆에는 '원조할매홍어'가 있다. 전라남도 고흥 출신의 할매가 고깃집을 홍엇집으로 바꾼 것은 2001년쯤이다. 홍어 장사를 하다 보니 팔자에 없는 텔레비전에도 나갔다며 자랑하던 할매는, 한 해 한 해 나이가 들면서 힘에 부쳤던지, 2010년에 새로운 주인에게 가게를 내 주고 시골로 낙향했다. 새로운 주인은 노

량진 수산시장에서 28년 동안 홍어를 취급해 온 박범순 씨(57)이다. 그의 고향도 할매와 같은 고흥이다. 할매의 가게에 홍어를 대주던 오랜 연으로 이 가게를 이어받았다.

이곳 메뉴에서 눈에 띄는 것은 '국산 홍어(참홍어)'이다. 국산 홍어라 하면 바로 흑산도 홍어를 떠올리는 사람이 많다. "홍어가 흑산도에서만 잡히는 건 아니죠. 국산 홍어에 쓰는 홍어는 인천 앞바다 백령도 부근에서 잡히는 홍어예요. 수입산보다 2배 정도 비싸요. 흑산도 홍어처럼 찰지지요. 수입 홍어가 멥쌀이라면 국산 홍어는 찹쌀이라고 생각하시면 돼요." 주인장의 설명이다. 하긴 홍어가 흑산도에서만 잡히는 것은 아닐 터. 아르헨티나산, 미국산, 칠레산 등 수입산 홍어가 대부분인 지금, 국내 앞바다에서 잡힌 것만으로도 특별대우를 받는다.

"전라도라고 해서 다 삭힌 홍어만 먹는 것은 아니에요. 지역에 따라 삭히는 정도도 달라요. 저희 고향에서는 꾸덕꾸덕하게 말린 홍어를 쪄서 자주 먹었어요. 물론 삭혀서 먹기도 했지만 그리 세지 않았어요. 기분 좋게 알싸한 정도였지요." 고향의 홍어 조리법을 설명하던 그는 이런 말도 들려주었다. 삭힌 홍어, 삶은 돼지고기가 들어가는 삼합은 좀 있는 집에서 잔치할 때나 낼 수 있었으며, 그냥저냥 사는 집에서는 홍어무침을 내는 경우가 많았다는 것이다. 많은 사람을 접대하기에는 홍어회를 내는 것보다 채소 등을 넣어 많은 양을 만들어 낼 수 있는 홍어무침이 유용했기 때문이라는 것이다. 그의 얘기를 들으니, 잔칫상에 당연히 올라왔을 삶은 돼지고기와 김치 그리고 전라도 잔칫상에 빠져서는 안 될 삭힌 홍어, 잔칫상에 따로따로 올라온 세 가지가 우연히 어우러져 삼합이라는 음식이 된 것은 아닐까 하는 생각이 든다.

서울에서 두엄더미이니 항아리니 옛날 방식으로 홍어를 삭히기는 어렵다. 그래서 이곳에서는 저온냉장고를 이용해 삭히고 숙성시킨다고 한다. 30년 가까이 홍어와 함께해 온 주인장이 홍어회를 가장 맛있게 먹는 법을 소개한다. 초고추장이 아닌 소금장에 홍어회를 찍어 먹으라는 것이다. 그래야 홍어의 독특한 향과 맛을 그대로 맛볼 수 있다고. 그 말에 동의하게 되었다.

눈물 쏙 빼는 할매의 홍어찜

잘 삭힌 홍어 한 점을 입속에 넣고 씹는다. 혀끝에 느껴지는 알싸한 맛과 목과 코를 타고 올라오는 싸아한 느낌, 이렇게 감각적인 음식이 또 있을까! 먹고 난 후 짧게 숨을 들이쉬고 길게 내쉰다. 막힌 목과 코가 확 뚫려 나간다. 아니 깊게 맺힌 심사마저 확 풀리는 느낌이다. 그래서일까. 한 시인은 먹고사는 일에 힘들어질 때 푹 삭힌

신길동 홍어삼합 상차림이다. 수입 홍어이기는 하지만
서울에서 이만큼 싼 홍어삼합은 드물다. 홍어에는 역시 막걸리가 따라야 한다.

홍어를 먹고 싶다고 했다.

그럴 때 찾아가는 곳이 있다. 바로 신당동 목재상가 골목 후미진 곳에 꼭꼭 숨어 있는 '할매집'이다. 전라남도 여수 출신인 김희임 할매가 먹고살기 힘들어지자 식당을 시작한 것이 40여 년 전. 이것저 것 해 봤지만 홍어음식 장사가 제일 괜찮았다. 다른 메뉴는 하지 않 고 홍어만 하기로 했다. 40년 넘게 직접 홍어를 삭히고 막걸리를 빚 었다. 그러는 사이 아줌마였던 그녀는 이제 아흔의 할매가 되었다.

가게 안으로 들어가면 홍어 냄새가 진동한다. 요즘은 덜 삭힌 홍 어가 대세라지만 깐깐한 할매에게는 안 먹힌다. "홍어는 삭혀야 맛 인 거라. 우리 집에는 많이 삭은 것밖에 없어. 오는 사람들도 다 푹 삭은 거 찾는디." 할매집의 메뉴는 회, 찜 두 종류인데 삼합은 없다. 특별한 맛은 역시 찜이다. 보통 홍어찜은 홍어를 꾸덕꾸덕하게 말 려 실고추 등 고명을 얹어 쪄 내거나, 삭힌 홍어에 콩나물이나 미나 리를 얹어 함께 쪄 낸다. 그러나 할매의 홍어찜은 조금 다르다. 잘 삭힌 홍어와 양배추, 쪽파를 함께 넣어 약한 불로 찜통에 쪄 낸다. 홍어가 폭신하게 쪄지면 양배추나 쪽파로 감싸 할매가 애지중지 하는 막걸리식초로 만든 양념에 찍어 먹는다.

홍어에 열을 가하면 삭힌 맛이 더 강해지는데, 부드러운 하얀 속 살을 품고 있는 할매의 홍어찜은 가히 위협적이다. 싸아한 향에 코 끝이 찡해지면서 목구멍은 찌릿해진다. 눈물이 핑하고 돌 정도로

강하다. 이때 찹쌀로 빚은 할매표 막걸리를 한 잔 쭈욱 들이켜고
숨을 내쉰다.

싸아한 향기 그대로 입안 환하게 맴도는

눈물을 짓누르며 삼킬 뿐이다.

— 김성호 시 〈홍어회〉 중에서

"옛날에는 전라도 사람들이 많았제. 시장 사람들하고 먹고살기
고달픈 사람들이 와서 홍어회에 술 한잔하고 갔어. 지금은 그런 거
없어. 회사원, 박사, 학생들 다 와서 먹어. 요즘은 경상도 사람들도
얼마나 좋아하는디. 글씨, 언제부터 그랬을까, 오래됐어. 아이구 난
글도 못 읽는 사람이여, 그만 물어봐." 할매는 불에 올려놓은 찜을
봐야 한다며 말을 피해 주방으로 들어간다. 자세한 기억은 없으나
세상은 변했고 변해 가는 것이 할매는 즐겁다. 미로 같은 골목을 돌
고 돌아 텔레비전에서 보던 중년 탤런트도 오고, 동대문에서 옷 공
장 하는 젊은 사장이 꽃 같은 여직원들과 회식하러 오기도 한다.
대우받는 홍어찜에 할매는 흥이 난다. "배 고프면 밥 비벼 먹어도
맛있제." 홍어와 채소에서 나온 국물이 좋은 거라며 할매가 부추긴
다. 할매에겐 홍어에서 떨어진 국물 하나도 귀하다.

"한 세월 썩어 가다 보면/ 맛을 내는 시간이 찾아올 거야"(정일근

258

시 〈홍어〉 중에서)라는 시인의 말처럼, 서울 하늘 아래 삭이고 삭이며 살다 보면 맛을 내는 그 세월이 올까? 삭이고 삭이다 아니 되면, 잘 삭힌 홍어 한 점 씹어 보자! 값비싼 흑산도 홍어가 아니면 어떠리!

15

홍대 앞 일본음식

"이랏샤이마세!" 머리에 하얀 두건을 쓴 종업원들이 힘차게 인사를 한다.
순간 일본 도쿄의 이자카야居酒屋(선술집)에 들어선 것이 아닌가 착각이 든다.
그러나 분명 서울에 있는 이자카야다.
한때 고유명사인 일본어 음식명을 쓰는 것조차
'왜색'이 되던 시절을 생각하면 세상이 변해도 많이 변했다.
'일본식 선술집이다'라고 굳이 설명할 필요도 없을 정도로, 이자카야는
어느 동네 골목이나 지하철역 근처에 한두 군데는 있을 정도로 대중화되었다.
20대의 학생들부터 40~50대의 직장인들까지 손님층이 두텁다.
일식집이나 횟집보다 저렴하고 서민적인 분위기이지만,
과거에 비해 안주의 수준도 높아지고 일본 술의 종류도 다양해졌다.

서울에 울려 퍼지는 '이랏샤이마세'

1936년 3월《(신판)대경성안내新版大京城案內》 (야노 다테키矢野干城·모리카와 기요인토森川淸人 엮음, 경성도시문화연구소 발행)가 간행된다. 당시 경성을 찾는 일본인들을 위한 일종의 안내서로, 경성의 거리, 명승고적, 숙박, 놀이, 상업, 유흥 등의 정보를 상세히 기록하고 있다. 물론 '식도락'도 빠지지 않는다. 책자에서는 일본요리, 서양요리, 지나(중국)요리, 조선요리를 나눠 소개하고 있다.

일제강점기, 남산 아래인 명치정(명동), 본정(충무로), 황금정(을지로), 욱정(회현동), 영락정(저동)은 사회·문화, 상업·경제의 중심지로 일본인들의 주 거주지이자 활동무대였다. 네온 불빛이 환히 비치는 거리에는 도쿄, 오사카에서 불러온 일본인 요리사의 음식을 내는 고급 요정부터 꼬치구이, 덴푸라, 오뎅, 소바, 우동 등 대중적인 일본요리를 내는 음식점과 선술집들이 모여 있었다.

위 책에서는 조선의 유일무일한 호랑이요리와 학요리를 내는 교키쿠京喜久(욱정)를 비롯해 도미요리의 마쓰바테이松葉亭(본정), 덴푸라의 가와초川長(욱정), 장어요리의 에도카와江戶川(본정), 복어와 자라요리의 가게쓰벳소花月別莊(남산정), 스키야키의 기라쿠きらく(욱정), 우동의 렌쿄쿠蓮玉(황금정) 등 음식별로 인기 있는 식당을 다수 소개하고 있다. 일본 기생이 있는 요정으로 유명했던 가게쓰벳소는 일본 시모노세키산 복어를 가지고 와 겨울 별미로 내는 등 최고의 사치를 부리기도 했다.

경성에 거주하거나 여행 온 일본인을 비롯해 조선의 부유층과 친일파, 유행을 앞서 가는 모던보이·모던걸들은 불야성을 이룬 근대 도시 남촌의 거리를 활보하며 일본음식을 즐겼다.

"정희, 그럼 오늘은 별다른 음식을 먹기로 할까?"

"멀요?"

"왜 그 접때 스끼야끼 먹던 집 말이오."

"황금정에 말이어요?"

"글세 난 아직 서울 거리에 능통치 못해서 어대인지 잘 몰으지만 접때 본정엘 가는 길에 들르지 안 헛소. 거기 가서 접대 일본요리를 먹어 봅시다."

1935년《동아일보》에 연재되었던 장혁주의 소설〈삼곡선三曲線〉중의 한 장면이다. 당시 모던보이, 모던걸이라 불리던 조선 젊은 연인의 대화이다. 이들은 기분전환으로 색다른 '접대 일본요리'를 먹자고 한다. '접대 일본요리'란 코스로 나오는 가이세키요리懷石料理 또는 혼젠요리本膳料理였을 것이다.

가이세키요리, 스키야키 등의 일본음식이 접대용의 색다른 외식 메뉴였다면, 조선인 생활에 깊숙이 파고든 밀착형 일본음식도 있었다. 그중 하나가 오뎅이다.《대경성안내》의 경우 다음과 같이 경성의 '오뎅집'을 소개하고 있다.

요 2, 3년간 경성에는 오뎅집이 범람하였다. 본정통(충무로)에서 옆으로 벗어나면 둥근 제등에 나와노렌(줄 따위를 여러 개 늘어뜨린 발)이 드려진 작은 집이 눈에 띈다. 무엇보다 오뎅을 안주로 간단하게 마실 수 있어서 성가신 음식점이나 카페를 압도하여 우후죽순처럼 생겨났다 해도 무리는 아니다. 실제 경성인은 먹보가 많다는 생각이 들 정도다.

우후죽순으로 생겨난 오뎅집은 음식점이라기보다는 일본인이든 조선인이든 가볍게 드나들 수 있는 대중적인 술집이었다. 오뎅집은 광복 이후 급속도로 그 수가 줄지만 서울 시내의 뒷골목에 뜨끈뜨끈한 오뎅과 함께 대포(청주)를 내던 '정종집'이나 '꼬치집'으로 그 명맥이 이어졌다. 샤미센三味線을 켜는 일본 기생이 있던 고급 일본 요정부터 서민적인 오뎅집까지, 일제강점기의 서울은 극과 극을 달리는 '일본음식의 별천지'였다.

왜식에서 일식으로

해방 이후 일본음식점은 '왜식집'이라 불렸다. 배일감정이 하늘 끝까지 치솟아 있었을 때이니 일본음식을 파는 일이 눈치가 보였을 것이다. 그래서 일본을 낮게 보는 '왜'라는 말을 써 조금이라도 자극을 덜 주고자 했는지 모른다. 왜식집은 일제강점기 시절 일본인에게 요리를 배우거나 이후 일본요리를 배운 한국인이 차린 경우가 많았다. 일제강점기 때 일본음식 좀 먹어 봤던 사람 그리고 모임이 많은 정재계 인사들이 왜식집을 자주 들락거렸다.

회의는 이런 데서만 하는 것이 아니라 요새는 신구 소장파가 어울리면 향진香珍이니 이학二鶴이니 하는 왜식집에도 잘 가서 젊은 기염을 토하고 있다.

—《경향신문》(1960. 9. 27) 기사 '정치지대(2) 무교동 정치의 변화가' 중에서

266

왜식집 충무가에서 김형욱, 옥장호, 길재호, 신윤창, 김동환, 정문 순, 김종필 그리고 예비역이던 우모씨 등과 내가 모였을 때였지요.

—《동아일보》(1962. 5. 4) 기사 '5월의 얼굴 (3) 오치성 운영위장' 중에서

이처럼 당시 서울 중심가에 있던 왜식집은 정치인들의 회동장소 로 자주 이용되었다. 국민들에게는 '왜색일소'를 외쳤으나 '왜색'의 중심에서 쉽게 벗어날 수 없었던 것이다.

1961년 5.16군사쿠데타 이후 1965년에 한일 국교 정상화가 이루 어진다. 그 이후로 서울 중심가에 있던 일본음식점은 '왜식'이라는 간판을 내리고 '일식日式'이라는 이름으로 바꿔 쓰기 시작한다.

얼마 전까지만 해도 倭食(왜식)이라고 불렀었다. 일본에서 화식和 食이라고 부르기도 했지만 어느 사이엔가 거리의 간판에선 日食(일 식)이라는 말을 쓰기 시작했다. 한일 국교가 정상화되고 일인들의 내왕이 빈번해지다 보니 왜라는 말이 좀 안돼서인지 고친 것 같다. 그런데 요사이에 와서는 그 일식日食이라는 말이 일식日式으로 바뀌 었다. 아마도 일본식日本式 음식飮食이라는 뜻인 듯한데……

—《동아일보》(1977. 7. 12) 기사
'국문학 교수 이명구의 우리말의 현주소 日食과 日式' 중에서

일본은 스스로를 부를 때 和라는 한자를 쓴다. 그래서 일식은 와쇼쿠和食, 일본 소는 와규和牛라 한다. 일식日食은 주로 동아시아의 한자를 사용하는 문화권에서 일본음식을 가리키는 말인데, 일본에서 유입된 식재료로 만든 요리나 일본요리를 일컫는 경우가 많다. 재미난 건 일상생활에서 쉽게 접할 수 있는 우동, 오뎅, 노리마키(김말이), 소바, 덴푸라 등에는 일식이라는 말이 붙지 않는다는 것이다.

1970~80년대의 일식집은 정통 일본요리를 내는 집, 초밥(스시)을 내는 집, 활어회를 내는 집 등이었다. 깔끔한 분위기에다 별실을 갖춘 고급스러움을 어필하며 도심의 특급호텔, 빌딩 지하상가 등에 자리를 잡았다. 1970년대에 명동, 충무로, 무교동, 종로를 중심으로 고급 일식집이 모였고, 1980년대에 들어서는 강남 등지에 일본 분위기를 재현한 대형 고급 일식집이 속속 들어섰다. 이런 곳은 접대를 위한 장소로 자주 이용되었다.

서울을 점령한 젊은 일본음식

1990년대에서 2000년대를 거치면서 일본음식을 즐기는 소비층은 젊어졌다. 사시미, 스시, 복어나 장어요리 등 고급·고가의 이미지가 강한 정통 일식에서 벗어나 라멘, 카레, 돈가스, 돈부리, 구시야키串燒(꼬치구이), 오코노미야키, 다코야키 등 캐주얼한 일본음식들이 홍대 앞, 청담동, 압구정동, 대학로 등을 중심으로 빠르게 퍼져 나갔다. 그 거리를 거닐다 보면 나무간판이며 음식모형 쇼케이스 등 일본풍의 음식점이며 선술집을 쉽게 만날 수 있다. 그중 '일본음식의 메카'라 할 정도로 일류日流가 강한 곳을 꼽으라면 홍대 앞이다. 오키나와 가정식을 맛볼 수 있는 곳도 있다 하니, 웬만한 일본음식은 다 있다는 말이 실감 난다.

홍익대 정문에서 산울림소극장 쪽으로 200미터 정도 걸었을까. 일본식 주먹밥인 오니기리로 인기를 끌고 있다는 자그마한 식당 '카모메(갈매기)'가 보인다. 2007년 개봉한 일본영화 〈카모메식당〉을 모티브로 했다는 것이 흥미로운 식당이다. 영화 〈카모메식당〉의 주인공 사치에는 핀란드 헬싱키에 오니기리를 주 메뉴로 하는 식당을 차린다. 그녀가 오니기리를 주 메뉴로 한 것은 오니기리가 일본인의 소울푸드, 고향의 맛이기 때문이다. '남이 해 줘야 더 맛있다'는 오니기리를 통해 그녀는 손님들과 소통하고 삶의 위안을 주고받는다. 일본 유학 중에 오니기리 전문점에서 아르바이트를 했다는 카모메의 주인 최진수 씨(42)도 그런 마음으로 이곳에 가게를 차렸다.

이곳 오니기리는 밥 속에 일본풍의 구운 명란젓, 연어를 비롯해 김치베이컨, 불고기, 김치참치 같은 한국적 재료도 넣어 만든다. 가격은 1,000원에서 3,000원 사이. 간단하게 그리고 저렴하게 밥으

"일본에서는 밥맛이 중심인데, 한국에서는 그 안에 든 반찬이 중심의 맛이네요."
일본의 출판기획자 야마시타 씨의 홍대 앞 오니기리 맛에 대한 평가이다.
음식이란 먹는 사람의 입맛에 따라 변하게 마련인 것이다.

로 한 끼를 때울 수 있다. 뒤돌아서면 배가 고프다는 젊은 학생들이 이곳의 주 고객이기도 하다.

일본 사람들은 오니기리에서 밥맛을 중히 여긴다. 그래서 '신마이(햇쌀)', '○○산 쌀' 등을 강조한다. 탱글탱글하게 지은 밥에 소금간을 살짝 한 후 멘타이코(명란), 우메보시(매실장아찌), 곤부(다시마), 마요쓰나(마요네즈참치), 이쿠라(연어알) 등을 속에 넣어 쥐는데, 속재료의 맛이 밥맛을 누르지 않는다. 하지만 한국 손님들은 다르다. 속재료가 적거나 간을 약하게 하면 싱겁다고 여긴다.

"밥에 기본 간을 조금 더 하지요. 그리고 국산 쌀은 일본 쌀에 비해 수분 함량이 적어 밥을 해 놓으면 금방 딱딱해지는 경향이 있어요. 그래서 수분이 날아가지 않게 참기름으로 살짝 코팅을 해 놓지요. 일본에서 전통적으로 잘 넣는 다시마, 우메보시 대신에 김치, 불고기 등을 응용해 맛을 내고 있어요." 여러 시행착오 후 한국 사람들의 입맛에 맞춘 카모메 오니기리에 관한 주인 최씨의 설명이다. 분식집에 가서 1,500원짜리 김밥을 먹던 젊은 친구들이 이제 오니기리를 먹기 위해 줄을 선다. 생활밀착형 음식인 오기니리에 대해서도 일식이라는 말을 쓰지 않는다.

최근에는 일본 가정식 요리를 내는 자그마한 식당들도 늘어나고 있는데, 일본인들이 직접 운영하는 식당도 꽤 있다. 평범한 일본 사람들이 가정에서 먹는 '일상'의 음식을 먹으며 독특한 맛과 추억을 공유할 수 있는 공간이다.

"이랏샤이마세!" 머리에 하얀 두건을 쓴 종업원들이 힘차게 인사를 한다. 순간 일본 도쿄의 이자카야居酒屋(선술집)에 들어선 것이 아닌가 착각이 든다. 그러나 분명 서울에 있는 이자카야다. 한때 고유명사인 일본어 음식명을 쓰는 것조차 '왜색'이 되던 시절을 생각하면 세상이 변해도 많이 변했다.

'일본식 선술집이다'라고 군이 설명할 필요도 없을 정도로, 이자카야는 어느 동네 골목이나 지하철역 근처에 한두 군데는 있을 정도로 대중화되었다. 20대의 학생들부터 40~50대의 직장인들까지 손님층이 두텁다. 일식집이나 횟집보다 저렴하고 서민적인 분위기이지만, 과거에 비해 안주의 수준도 높아지고 일본 술의 종류도 다양해졌다.

홍대 앞에서 이자카야 찾기는 막걸릿집 찾기보다 쉽다. 홍대 앞주차장 골목 근처에 있다가 상수동으로 옮긴 '쿠시무라'는 참숯불구시야키로 인기를 얻고 있다. 이곳에서는 최고급 숯인 비장탄備長炭으로 꼬치를 굽고 호수소금으로 간을 맞춘다. 걸려 있는 액자며 소품이 일본의 구시야키 전문 이자카야보다 더 일본스럽다. 훤히 들여다보이는 주방 앞쪽에서 꼬치를 굽는데, 부채를 부쳐 주기도 하고 물을 뿜어 주기도 하면서 꼬치 하나하나를 굽는 모습이 사뭇 신중하고 정성스럽다.

홍대 앞 꼬치 전문점의 꼬치구이.
대표적인 일본 서민음식이 한국에서는 고급음식이 되었다.

몇 종류의 꼬치를 시켜 본다. 선술집답게 꼬치구이 등 요리와 함께 마시면 좋을 다양한 종류의 일본 청주와 소주, 사와(소주 칵테일) 등을 함께 내고 있다. 두 개씩 짝을 이룬 꼬치구이가 나왔다. 보통의 이자카야나 선술집에서 내는 꼬치구이와 신선도나 맛에서 월등히 고급스러운 맛이다.

서울풍 일식의 맛에 빠진 그들!

몇 해 전, 일본 모 신문사의 서울 주재원으로 파견된 일본인 친구를 따라 홍대 앞 오코노미야키 전문점에 간 적이 있다. 주차장 골목에 있는 '쯔루하시후게츠'였다. 오사카에서 시작된 오코노미야키 전문점으로 일본 내에만 100여 개 점포가 있으며 2007년 홍대 앞에 처음으로 체인점을 냈다. 오코노미야키는 오사카의 명물이다. 친구는 오사카 출신답게 익숙한 솜씨로 오코노미야키를 구워 낸다. "간파이!" 하얀 거품이 오른 시원한 아사히 생맥주로 건배를 하고 일본에서 먹는 것과 별반 다르지 않은 모양새의 오코노미야키를 입에 넣는다. 친구는 서울에서 고향의 맛과 분위기를 즐길 수 있다는 것에 대단히 만족한 얼굴이었다.

최근에는 잡지 취재를 위해 서울에 온 일본인 여성 두 명과 함께 명동에서 식사할 일이 있었다. 무엇을 먹을 것인가, 그녀들에게 선택권을 주었더니 골목가에 있는 '홍대돈부리'라는 자그마한 일본식 덮밥 전문점을 가리켰다. "서울에 와서 돈부리를 먹는다고 하면 이상하다고 할지 모르겠지만 이곳의 사케돈부리는 너무 맛있어요. 별 기대 없이 우연히 먹게 됐는데, 일본에는 이런 맛 없어요. 그래서 서울 올 때마다 들러요."

서울에 오면 그녀들이 꼭 먹는다는 사케돈부리가 나왔다. 두툼하게 썰어 먹음직스러운 주황빛의 연어(사케)가 밥을 덮고 있고, 연어 한가운데에는 초록빛 생와사비가 살짝 올려져 있다. 그릇을 들고 먹기 시작한 그녀들이 "오이시(맛있다)!"를 연발한다. 한국적인 요소와 섞여 가는 서울풍의 일본음식에 일본 사람들이 맛을 들이고 있다.

《대경성안내》에 실린 경성음식에 관한 이런 구절이 생각난다.

경성인에게는 경성 특유의 미각이 있다. 그것은 에도아지江戶味(도쿄의 맛), 나니와아지浪華味(오사카의 맛)도 아니며 그렇다고 해서 하카타아지薄多味(후쿠오카의 맛)라고도 할 수 없는 복잡한 것이므로 ……그러나 내지(일본)에서 온 손님을 데리고 가 보면 맛은 에도풍도, 나니와풍도 아니지만 경성도 무시할 수 없다면서 누구나 맛이 좋음을 칭찬한다.

일본식 서민 술집인 이자카야가 크게 번지고 있다.
다양하고 계절감 있는 안주, 편안하고 위생적인 느낌의 인테리어 등이 인기 비결이다.

도쿄의 맛도, 오사카의 맛도, 후쿠오카의 맛도 아닌 서울의 맛이, 어느새 서울 사람들은 물론 일본 사람들을 유혹하고 있다.

16

을지로 골뱅이

손으로 썬 파채가 올려진 구멍가게표 골뱅이무침이 나왔다.
골뱅이 골목의 무침만큼의 볼륨감은 없지만 구멍가게라는 것을 생각하면
모양새가 그리 나쁘지 않다. 북어포가 들어가지 않아
그런 걸까 신맛이 강하게 느껴지지만,
바쁘게 움직이는 바깥세상과 단절된 듯한
가게 분위기에 맛은 크게 문제가 되지 않는다.
신맛은 달걀말이를 먹으며 상쇄시키면 되고, 맥주도 있다.
탁자 귀퉁이에 앉아 어두운 표정으로
땅콩에 맥주 한 병을 비우던 남자가 조용히 일어선다.
인쇄소 노동자이다. 다시 일하러 가야 하는 그는 한 병 이상은 안 마신다.

한여름밤, 뒷골목의 뜨거운 건배 소리

　　　　　민주화의 불길이 타오르던 1987년의 서울 거리는 뜨거웠다. 매캐한 최루탄 속에서 이루어 낸 민주화의 결실은 그 후 군사정권하의 매스컴에도 큰 영향을 준다. 1987년에 시작해 1991년에 끝난 텔레비전 코미디 프로그램 〈쇼! 비디오자키〉의 한 코너였던 '네로 25시'는 당시 정치와 사회를 풍자하면서 큰 인기를 얻었는데, 민주화 이전이라면 사달이 날 만한 소재였다. 워낙 인기가 있었던 터라, 40대 이상이라면 일요일 저녁마다 텔레비전 앞에 앉아 배를 움켜쥐고 웃으며 시청했던 기억이 있을 것이다. 이 코너의 하이라이트는 술에 대취해 코가 빨개져 나타난 충신 페트로니우스의 출현이었다. 한 손에 술병을 들고 높은 자리에 있던 사람들 들으라는 듯 '독재자' 황제 네로에게 다가가 쓴소리를 쏟아 내는 것이었다. 그때 시청자들은 웃음과 함께 정치적 카타르시스를 느껐지만, 그것만이 끝이 아니었다. 페트로니우스가 흐느적거리며 마지막으로 외쳤던 한마디가 반전을 뛰어넘는 웃음을 준 것이다. "언니! 여기 골뱅이 하나 추가!"

혀 꼬부라진 소리로 내뱉는 대사는 순식간에 전국을 강타했다. 그 후광을 입은 것은 맥줏집의 골뱅이 안주였다. 골뱅이요리의 대표주자인 골뱅이무침은 술안주, 특히 맥주 안주로 전에 없던 인기가도를 달리게 된다. '골뱅이 하나 추가'라는 유행어가 히트하면서 1990년대에는 사람들 사이에서 '을지로 골뱅이'라는 말도 자주 입에 오르내리게 된다. 을지로, 좀더 정확하게 말하면 을지로3가 주변에서 시작된 골뱅이무침이 바로 을지로 골뱅이다.

을지로 골뱅이의 시작

지금은 을지로 골뱅이 골목으로 불리는 을지로3가에서 충무로 가는 길에 '대신상회'라는 간판을 단 작은 구멍가게가 있었다. 하춘화 씨가 결혼 후 살림에 보탬이 될까 싶어 신혼집 1층에 차린 가게였다. 1968년 여름, 그녀는 남편과 함께 강원도 여행을 떠났다. 그리고 그곳에서 우연히 들른 가게에서 주인이 내주던 양철깡통의 골뱅이를 먹게 되었다. 동해안 주문진에서 잡은 골뱅이를 가공한 것으로, 당시에는 제대로 된 상표도 없었지만 맛 하나는 좋았다. 후에 이 골뱅이는 '동표골뱅이'라는 이름을 갖는다. 그녀는 여행을 다녀온 후 강원도에서 먹었던 양철깡통의 골뱅이를 가게에서 팔기 시작한다. 지금이야 가게며 술집이 길목마다 넘치도록 있는 세상이지만, 당시만 해도 을지로는 명동이 가까운 중심지이긴 했어도 변변한 찻집이나 맥줏집이 그리 많지 않은 곳이었다.

주변에 있던 은행의 평사원이나 제약회사의 영업사원 그리고 당시 잘나갔던 인쇄소, 종이 공장, 철공소, 목공소의 직원들이 오며 가며 구멍가게에 들러 맥주며 음료수를 사 마셨다. 술이라고 하면 막걸리, 소주가 대세이던 시절이지만 청량음료 같은 맥주 소비가 증가하는 추세였다. "사람들이 가게에 와 병맥주를 마실 때 양철깡통 골뱅이에 이쑤시개를 꽂아 팔았죠. 그러다가 손님들이 양념 좀 해 달라고 한 거예요. 어머니는 2층에 있던 부엌에서 늘 있는 양념인 고춧가루, 마늘, 파 등으로 무쳐 내주셨다고 해요. 그게 인기를 얻게 된 거죠. 나중에는 당시 가격이 쌌던 쥐포를 중부시장에서 사다 넣어 맛을 더했죠." 하춘화 씨의 뒤를 이어 '동원골뱅이(전 대신상회)'를 맡고 있는 아들 권형석 씨(45)가 말한다. 이것이 '을지로 골뱅이'의 시작이라고.

경제개발 시대인 1970년대, 하루 종일 주산알을 튕기고 인쇄기계를 돌린 후 타들어 가는 피곤함과 갈증에 그냥 집에 갈 수 없었던 을지로 사람들에게, 가벼운 주머니 사정에도 하얀 거품을 내는 맥주 한잔 마실 수 있는 구멍가게는 도심의 오아시스였다. "70년대에는 근처에 구멍가게가 그리 많지 않았어요. 중앙극장 앞에 황도여관 골목에 구멍가게가 하나 있었고, 70년대 후반에 '충남상회'가 생겼는데 지금의 '풍남골뱅이'죠. 저희 가게는 1층은 가게이고 2, 3층은 살림집이었어요. 장사가 정말 잘됐지요. 손님들이 맥주 상자를 쌓아 탁자를 만들기도 하고 저녁 일곱 시쯤이면 방 안의 제 책상도 어느새 손님들 탁자가 되기 십상이었죠. 장독대까지 사람들로 가득했어요. 3층까지 오르락내리락하기 힘드니 줄에 매단 소쿠리에 맥주병을 담아 위에서 끌어올리는 진풍경도 벌어졌죠." 권씨는 아련히 떠오르는 유년의 기억에 어머니에게서 들은 추억담을 합쳐 병맥주가 넘나들던 가게의 모습을 되새긴다. 아들의 책상을 뺏어야 했던 어머니의 마음이 편치 못했을 터, 1985년에는 살림집을 따로 구해 나가게 되었다고.

을지로의 표정은 1983년 지하철 2호선이 생기면서 바뀌어 갔다. 큰 빌딩이 들어서고 굵직한 회사들이 이곳에 터를 잡으면서 경제성장기의 직장인들이 이곳에 진입하게 된 것이다. 특히 근처에 자리 잡은 쌍용그룹, 동부그룹 직장인들에게 맥주와 골뱅이무침을 파는 가게는 참새의 방앗간과 같은 곳이 된다. 그즈음부터 하원시장(영락시장)에 있던 정육점에서도, 채소 가게에서도, 동표골뱅이와 맥주를 팔기 시작했다. 1990년대부터는 구멍가게에서 을지로 (동표)골뱅이무침이 있는 맥줏집으로 업종을 변경하는 곳이 늘어났다. 자연스럽게 을지로 골뱅이 골목이 만들어지게 된다.

"'골뱅이 하나 추가'라는 유행어 덕에 97년도인가, 이곳 을지로 골뱅이가 어느 신문 전면에 소개된 적이 있어요. 그 신문사에서 근처 쌍용그룹, 동부그룹 직장인들에게 설문조사를 했는데 저희 골뱅잇집이 인기 1위를 했어요. 그땐 대신상회 간판을 달고 있었는데, 다들 영동골뱅이라고 했다고 해요. 강원도산 골뱅이를 사용해서 그랬던 것 같아요. 그때 이후로 간판을 대신상회에서 동원골뱅이로 바꿨죠." 권형석 씨의 설명이다. 당시 상사의 손에 이끌려 오던 신입사원이, 이젠 상사가 되어 신입사원을 데리고 온다.

여름밤에 펼쳐지는 맥주와 골뱅이의 향연

을지로 골뱅이 골목의 맛과 멋은 역시 여름밤이다. 여름이 되면 을지로의 맥줏집들 앞은 서울의 밤하늘을 지붕 삼아 골뱅이무침을 앞에 두고 앉아 맥주 한잔하는 직장인으로 넘실댄다. 맥주잔에 술을 따르고 부딪치며 간이탁자 아래 빈 맥주병이 늘어날수록 을지로의 여름밤은 깊어 간다.

늦더위가 계속되는 여름, 오랜만에 골뱅이골목을 찾았다. '원조 영동골뱅이', '영락골뱅이', '을지골뱅이', '주문진골뱅이' '뱅뱅골뱅이', '소풍골뱅이' 등 고만고만한 10여 개의 골뱅잇집들이 도로를 사이에 두고 이웃하고 있다. 도심 개발의 바람이 불면서 그 수가 예전에 비해 줄어들었다.

을지로3가역에서 내려 골뱅이 골목의 첫 번째 가게인 영락골뱅이에 들어갔다. 1997년에 시작했으니 30~40년이 넘는 다른 가게에 비하면 후발주자이지만, 벽에는 손님들의 추억을 간직한 낙서가 빼곡하다. 하얀 거품을 담은 맥주잔을 들어 건배를 외치는 손님들로 가득하다. 첫 잔은 단숨에 들이켠다. 시원스럽게 넘어가는 맥주는 하루의 일과를 씻어 내리는 청량제이다. "여기 골뱅이 하나 추가!" "아저씨, 달걀말이 하나 더!" "아줌마, 국수사리 하나 추가!" 떠들고 마시며 열기에 싸인 여름밤의 도심을 식힌다.

주문한 골뱅이무침이 나왔다. 을지로 골뱅이답게 씨알이 굵은 골뱅이가 보이지 않을 정도로 파채가 듬뿍, 그 위에는 빨간 고춧가루와 알싸한 향의 다진 생마늘이 그대로 올려져 있다. 버무리는 것은 손님의 몫이다. 간단하게 안주를 내던 구멍가게 음식에서 온 태생적인 특징이라 할 수 있다. 적당히 젓가락으로 버무린다.

파와 함께 골뱅이 하나를 입에 넣으니, 쫄깃쫄깃 한국 사람이 좋아하는 식감에 씹을수록 향긋함과 구수함이 퍼진다. 시중의 새콤

(위) 을지로 골뱅이는 파채에 고춧가루, 다진 마늘만 들어간다.
식초와 설탕이 들어가면 골뱅이 맛을 버린다고.
(아래) 을지로 골뱅이에는 달걀말이가 으레 따른다.

달콤한 골뱅이무침과는 달리 칼칼하면서 감칠맛이 나는데, 어떻게 봐도 질리지 않게 술을 마실 수 있는 남성적인 안주이다. 파채와 마늘 그리고 고춧가루의 매운맛에 입안이 얼얼하다 싶을 때 금방 부친 달걀말이가 곁들여졌다. 모양새 잡힌 그런 달걀말이가 아니라 엄마가 그냥 부쳐 준 듯한 소박하고 정감 있는 달걀말이로, 고소하면서 순한 맛이 매운 입을 살살 달래 주었다.

달걀이 몇 개 들어갔을까 싶은데, 예닐곱 알은 들어간다고 한다. 이것이 무한리필이라니, 곧 '양심껏 먹으라'는 얘기일 것이다. 이 골목에서 달걀말이를 내기 시작한 것은 을지로 입구 쪽 다동, 무교동 골뱅잇집들의 영향이 크다. 1990년대 다동, 무교동 골뱅잇집의 달걀말이가 인기를 얻자 경쟁관계에 있던 을지로에서도 달걀말이를 내기 시작한 것이다. 거기에 을지로 골뱅잇집들은 '달걀말이가 서비스'라는 통 큰 인심을 보여 주면서 을지로 골뱅이와 달걀말이는 바늘과 실처럼 따라다니게 되었다.

한쪽에 앉아 있던 10여 명 단체 손님들의 왁자지껄한 소리가 들린다. 다들 맥주잔을 들고 건배를 한다. "위하여!"

그래, '뭔가를 위해' 잔을 들자. 그리고 질겅질겅 골뱅이를 씹으며 도시의 갈증을 풀자.

구멍가게는 몇 집 남지 않았지만

현재와 과거, 발전과 낙후가 공존하는 서울의 중심지 을지로3가와 4가. 높은 빌딩을 품고 있지만 골목을 걷다 보면 낡고 오래된 건물에는 과거의 모습과 그리 변함없어 보이는 인쇄소, 공구, 가구, 타일, 전기·기계부품을 만드는 영세업자들이 진을 치고 있다. 이들 또한 구멍가게에 들러 시원한 맥주를 한잔하며 노동의 피곤함과 칼칼한 목을 씻곤 한다. 병맥주 옆에는 골뱅이도 오고 땅콩도 오고 멸치도 온다.

을지로와 충무로 사이 거미줄같이 이어지는 좁다란 인쇄 골목. 쉴 새 없이 종이를 찍어 내는 기계의 요란한 소리, 그 사이사이를 분주하게 오가는 사람들. 실핏줄처럼 이어지는 이곳의 골목길을 걷다 보면 구멍가게에 달려가 맥주 한잔하고 돌아와 다시 일을 하는 그들의 모습이 그려진다. 그들에게 한 잔의 맥주는 술이 아니라 일상의 청량제였다.

그들에게 골뱅이를 내주던 구멍가게들은 지금은 맥줏집으로 바뀌거나 없어졌지만 아직 몇 군데 남아 있다. 그중 하나가 을지로4가 인쇄 골목과 가까운 충무로역 근처의 '중앙식품'이다. 편의점에 점령된 도심에서 점점 사라지고 있는 자그마한 구멍가게로, 밖에서 보면 계란빵이나 로또복권을 파는 간이판매점으로만 보인다. 문을 열고 들어가니 한쪽에는 간이탁자 두 개가 놓여 있고, 다른 쪽에는 길다란 식탁이 놓여 있다. 파는 물건이라고 해 봤자 몇 종류 되지 않는 과자 그리고 깡통 햄, 참치캔, 생수, 휴지, 담배, 종이컵 등이다. 대신 벽에는 구멍가게답지 않게 번듯한 메뉴판이 걸려 있다. 골뱅이, 땅콩, 노가리, 오징어, 라면, 번데기, 치킨 등 간단하게 조리하거나 그냥 내면 되는 안줏거리들이긴 하다. 과자를 사 맥주 한잔해도 되고, 골뱅이를 시켜 맥주 한잔해도 된다.

"포가 없어. 골뱅이에는 포가 들어가야 하는데 없어서……." 골뱅이무침을 주문하니, 주인 아저씨 김상규 씨(65)가 손사레를 치며 말한다.

"그래도 해 주세요."

"포가 없으면 맛이 없는데. 알았소, 맛나지 않아도 난 모르오."

고집 센 아저씨를 졸라 마침내 골뱅이무침을 주문했다. 가게 구석에 만들어 놓은 궁색한 조리대 쪽으로 들어간 아저씨가 골뱅이무침을 만들기 시작한다. 송송송송 토닥토닥, 경쾌한 도마질 소리가 들리더니 시큼한 식초 향도 강하게 풍겨 온다.

드디어 손으로 썬 파채가 올려진 구멍가게표 골뱅이무침이 나왔다. 골뱅이 골목의 무침만큼의 볼륨감은 없지만 구멍가게라는 것을 생각하면 모양새가 그리 나쁘지 않다. 북어포가 들어가지 않아 그런 걸까 신맛이 강하게 느껴지지만, 바쁘게 움직이는 바깥세상과 단절된 듯한 가게 분위기에 맞은 크게 문제가 되지 않는다. 신맛은 달걀말이를 먹으며 상쇄시키면 되고, 맥주도 있다. 탁자 귀퉁이에 앉아 어두운 표정으로 땅콩에 맥주 한 병을 비우던 남자가 조용히 일어선다. 인쇄소 노동자이다. 다시 일하러 가야 하는 그는 한 병 이상은 안 마신다.

"요즘 장사 안 돼! 이쪽에 소규모 인쇄소가 많잖아. 거기 다니는 친구들이 많이 팔아 줬는데, 요즘 인쇄소 경기가 영 안 좋아서. 예전에는 이런 식품 가게가 많았는데 지금은 몇 개 안 남았지." 20여 년 동안 중앙식품을 지켜 온 아저씨의 푸념이다. 몇 명의 사람들이 들어와 맥주 한 잔, 막걸리 한 잔 마시고 주인에게 천 원짜리 몇 장을 집어 주고 간다. 활기찬 건배 소리가 퍼져 나가던 골뱅이 골목의 모습과는 사뭇 다르다. "외상값이 얼마죠?" 40대 초반으로 보이는 단골손님이 바짓주머니에서 만 원짜리 몇 장을 꺼내 일부라며 외상값을 치르고 나간다. 외상이 통하는 서울 한복판의 구멍가게. "골뱅이 하나 더"라는 활기찬 소리는 없지만 처진 어깨를 가진 사람들이 작은 위로를 받을 수 있는 곳이다.

손님에게 조기구이를 내준 주인 아저씨가 자리로 돌아와 앉는다. 그러고는 작은 유리창을 통해 바깥 풍경을 무심하게도 쳐다본다. 비가 내리고 있는 창 밖에는 행인들이 바삐 오간다. 세상 밖과 달리 느릿한 시간이 흐르는 이 공간에서, 나는 '딱 한 잔'만 하고 일어나지 못했다. 골뱅이무침, 달걀말이, 맥주 세 병에 22,500원을 아저씨에게 건넨다. 아직 이곳은 싸다.

17

왕십리 곱창

"빨간꽃 노란꽃 꽃밭 가득 피어도/ 하얀 나비 꽃나비 담장 위에 날아도/
따스한 봄바람이 불고 또 불어도/ 미싱은 잘도 도네 돌아가네."
1970~80년대 미싱공의 애환을 그린 민중가요 〈사계〉의 노래말이다.
삼일아파트 상가 2층의 좁디좁은 봉제 공장, 가방 공장에서 일하던
여공들의 삶이 이랬을 것이다. 햇빛도 제대로 들어오지 않는 곳에서
하루 종일 미싱을 돌리던 그녀들에게 곱창집은 작은 위안이 되었다.
"하루 종일 먼지를 먹는데 곱창이 좋다 하면서 먹었지.
양도 많은 데다 값이 싸니까, 딱이지 뭐. 포장해서도 많이 사 갔어.
고생들 하니깐 덤으로 더 넣어 주고 그랬어." 정홍숙 씨의 추억담이다.

다른 듯 닮은 왕십리의 곱창 맛

황학동시장은 시대에 따라 그 모습을 달리 하며 변화해 왔다. 한국전쟁 이후, 청계천변에는 무허가 판잣집을 짓고 서울살이를 하는 피난민들이 많이 모였다. 하루하루 입에 풀 칠하기 힘들었던 피난민들은 고물을 수집해 팔기 시작했는데, 이 러면서 황학동에 고물시장이 생겨났다. 1960년대 한국의 최대 호황 산업은 수출용 가발 제조였다. 당시 길목에서는 "머리카락 팔어 ~" 하며 머리카락을 수집하러 다니는 장사꾼을 쉽게 만날 수 있었 다. 모아 둔 머리카락을 내주면 돈을 받을 수 있는 그런 시절이었다. 1960~70년대 황학동과 신당동 중앙시장에는 이런 머리카락 장수 가 많았다 한다.

1970년대 들어 가발산업은 서서히 사양길에 들게 된다. "새벽종 이 울렸네, 새 아침이 밝았네, 너도 나도 일어나 새마을을 만드세."

새마을노래가 방방곡곡에 울려 퍼지면서 '우리도 한번 잘살아 보자'는 새마을운동이 펼쳐졌다. 시골 초가집은 슬레이트 지붕으로 개조되고 좁은 마을 흙길에는 시멘트가 깔렸다. 이 새마을운동이 바로 황학동시장을 만든 주역이다. 새 지붕을 얹고 새 길을 놓으면서, 오랫동안 농촌에서 써 오던 생활도구들은 불필요한 물건으로 전락했다. 반면 당시 도시에서 아파트 생활을 하게 된 중산층들 사이에서는 향수를 느끼게 하는 민속용품과 골동품이 인기를 얻기 시작한다.

당시 황학동의 고물 장수나 머리카락 장수들이 새마을운동으로 인해 쓰임새를 잃고 고물이 되어 버린 생활도구에 눈을 돌리게 되었다. 그들은 시골이며 도시 주변을 구석구석 누비며 눈에 보이는 대로 민속용품과 골동품을 수집했다. 사람들은 '플라스틱 다라이'를 받는 조건으로 쓸모없어 보이는 놋숟가락이며 함지박, 담뱃대, 화장대 등을 내주었다. 이렇게 수집해 온 중고 민속용품·골동품들이 황학동시장에서 팔려 나가기 시작하면서 중고 민속용품과 골동품을 취급하는 전문상점이 생겨났다. 그때부터 황학동시장은 고물시장보다는 골동품시장의 모습을 갖추게 된다. 한때 보는 눈만 있다면 귀한 골동품을 헐값으로 사 횡재할 수도 있던 곳이었다.

그러나 1990년대 들어서면서 골동품시장의 호시절은 끝이 났고, 황학동은 민속용품이나 골동품이 아니라 가전제품 등 잡다한 중고 물건을 다루는 만물시장, 이른바 벼룩시장으로 바뀌게 된다.

황학동 벼룩시장을 다니기 시작한 것은 청계천 고가도로와 초췌한 모양새의 삼일아파트가 여전히 건재하던 1990년대 초였다. 예전 같지 않다고는 하나, 길 가는 사람들로 제법 붐비고 있었다. 특히 장년층의 아저씨들이 넘쳐났다. 아저씨들로 둘러싸인 노점이 있기에 무얼 파는지 궁금해 고개를 빼꼼히 내밀어 기웃거렸다. 그러자 말을 멈춘 장돌뱅이 아저씨가 한마디 던진다. "여자는 가." 아저씨들의 따가운 시선에 호기심을 누르고 그곳을 떠나야만 했는데, 알고 보니 여자에게 보여 주기 싫은 남자들만의 물건을 은밀하게 사고파는 곳이었다. 내가 눈치가 없었다.

황학동 벼룩시장은 서울의 어느 시장과도 다른 그야말로 난장이었는데, 청계천 개발과 맞물리면서 다른 장소로 옮겨 가 이제는 추억만이 남아 있다.

리어카 노점상으로 시작하다

황학동시장이 끝나는 청계천8가의 큰 골목에 곱창집들이 모여 있다. 이곳을 흔히 '황학동 곱창 골목'이라 부른다. 예전에 시장 구경 온 사람들이 자주 찾던 곳이기도 하다. 청계천 복원사업으로 가게 수가 줄었지만, 아직도 10여 개가 넘는 곱창집이 이곳을 지키고 있다.

이곳의 곱창은 소의 내장이 아니라 돼지의 내장이다. 살코기에 비해 값이 싸고, 도축장에서 값싸게 구할 수 있는 것들이었다. 그래서 보통 도축장 가까이 거주하는 사람들이 사 와 연탄불에 조리해 팔던 음식으로 알려져 있다. 서울에는 마장동 도축장과 독산동 도축장이 있었다. 그러나 마장동 도축장은 1998년 가락동으로 합병 이전해 지금은 도소매시장만 남아 있다. 1986년에 문을 연 가락동 도축장은 2011년에 음성으로 이전했고, 독산동 도축장은 2002년에 폐쇄되어 지금 서울에는 도축장이 없다. 마장동과 가까이 있던 황학동 곱창골목은 신선한 돼지 부산물을 제공받을 수 있는 이점이 있었다.

황학동 곱창 골목에 들어서자 환한 불빛을 밝힌 가게마다 곱창 볶는 김이 모락모락 피어오른다. 다닥다닥 붙어 있는 곱창집 중 '영미네곱창'은 곱창 골목 초창기부터 지금까지 이곳을 지키고 있다.

"결혼하고 스물여덟 살이 되던 해에 장사를 시작했어. 황학동 근처에서 방범대원을 하던 남편 친구가 목이 좋으니 장사를 한번 해 보라고 권해서. 벌써 30년이 넘었네. 초창기에는 점포가 아닌 리어카 노점이었지. 나 말고 네 군데 있었어. 4년 정도 노점을 하고 점포로 들어와 지금까지 하고 있는 거야. 처음에는 야채볶음이 500원에 소주 한 병이 200원이었다니깐." 영미네곱창 주인 정홍숙 씨(65)의 이야기다. 연탄불로 곱창을 구워 왔으나 연탄가스를 맡는 일이 힘들어 이제는 가스불로 굽고 있다. 초창기 시절 함께했던 가게들이 하나씩 둘씩 없어지고 이제는 '신호네곱창', '전봇대' 정도가 남아 있다고 한다. 처음에는 곱창에 양배추, 깻잎, 당근, 잡채 등을 함께 넣어 양념에 볶아 내는 야채볶음만 했다. 그러다가 막창구이를 함께 내기 시작한 것이 20년 전이라 한다.

정홍숙 씨는 야채볶음에 쓸 곱창을 다듬고, 여려 보이는 젊은 며느리는 철판 앞에 서서 야무지게도 곱창을 볶아 낸다. 야들야들한 곱창에 소주를 붓고 고춧가루양념에 볶다가 채소와 당면을 넣어 볶는다. 그리고 마지막으로 들깻가루를 넉넉히 둘러 내준다. 소주를 넣는 것은 곱창의 누린내를 잡고 식감을 연하게 하기 위해서이다.

야채볶음에 쓰는 곱창은 돼지의 대창 부분이다. 부들부들하고 야들야들해 여성들에게 인기가 좋지만, 냄새가 많이 나기 때문에 손질을 잘해야 한다. 구이용으로 쓰이는 막창은 대창의 끄트머리를 가리키는 말이다. 채소를 넣지 않고 소금만 뿌리거나 양념을 해 구워 먹는다.

"예전에는 마장동 축산물시장에서 곱창을 사다 내가 직접 손질을 했는데, 10년이 넘었을까 그때부터는 신당동 중앙시장에서 손질해서 나온 곱창을 받아서 써." 많이 편해졌다고 말하는 정홍숙

곱창은 미리 데치거나 애벌구이를 하여 준비해 둔다.
손님 오면 그때에야 양념하여 볶는다.

씨. 처음 곱창집을 시작할 때만 해도 마장동 도축장에서 곱창을 받는 게 지리적으로나 가격 면에서 이점이 있었지만, 도소매시장으로 바뀐 지금은 사정이 다르다. 신당동 중앙시장에는 포장마차 음식이라고 할 수 있는 순대, 곱창, 닭발 등의 식재료를 취급하는 도매전문상가가 형성되어 있어, 이곳을 지나다 보면 대량으로 곱창을 씻고, 순대를 삶는 모습을 쉽게 볼 수 있다.

곱창 볶는 것을 한참 지켜보고 있던 50대 초반의 아저씨가 채소 볶음과 구이를 포장해서 받아 간다. 이 근처에 살 때는 가족과 함께 곱창을 자주 먹으러 왔는데, 이사를 가고 나서는 함께 오기가 어려워 자주 포장을 해 간다고 한다. 그는 황학동 골목에서 곱창뿐만 아니라 곤달걀(부화 직전의 달걀) 파는 포장마차가 많아 자주 사 먹었던 것을 추억했다. 팔다리가 쑤시거나 몸이 찌뿌둥할 때 효과가 있다고 해서 노가다(막노동)하는 사람들이 자주 와서 네다섯 알씩 소주와 함께 먹곤 했다 한다. 곱창집과 달리 곤달걀을 파는 포장마차는 이제 찾아보기 힘들다. 곱창이며 곤달걀의 존재는 이곳이 사대문 밖 노동자들의 거리였다는 사실을 보여 준다.

1969년 청계천을 복개하면서 청계고가도로 양편에 서울 최초 서민아파트인 '삼일시민아파트'가 세워졌다. 이 아파트의 건립을 두고 여러 가지 말이 있었다. 청계천변 판자촌에 살던 사람들에게 주거 공간을 제공하기 위해서라는 설, 청계고가도로에서 내려다보이는 황학동과 왕십리의 낙후된 모습을 가리기 위해 지었다는 설……. 아파트 건물의 1, 2층은 상가였고 2층 상가에는 미싱 돌리는 봉제 공장들이 오밀조밀 들어서 있었다. 3~7층은 주거공간이었다. 황학 동시장이며 곱창 골목은 삼일시민아파트를 끼고 있었다.

"빨간꽃 노란꽃 꽃밭 가득 피어도/ 하얀 나비 꽃나비 담장 위에 날아도/ 따스한 봄바람이 불고 또 불어도/ 미싱은 잘도 도네 돌아 가네." 1970~80년대 미싱공의 애환을 그린 민중가요 〈사계〉의 노 래말이다. 삼일아파트 상가 2층의 좁디좁은 봉제 공장, 가방 공장 에서 일하던 여공들의 삶이 이랬을 것이다. 햇빛도 제대로 들어오 지 않는 곳에서 하루 종일 미싱을 돌리던 그녀들에게 곱창집은 작 은 위안이 되었다. "하루 종일 먼지를 먹는데 곱창이 좋다 하면서 먹었지. 양도 많은 데다 값이 싸니까, 딱이지 뭐. 포장해서도 많이 사 갔어. 고생들 하니깐 덤으로 더 넣어 주고 그랬어." 정홍숙 씨의 추억담이다.

삼일아파트는 재개발 사업에 의해 2006년 철거되었다. 청계천이 복원되고 나서는 구경하러 오는 젊은 손님도 늘었다. 그러나 여전 히 하루하루 날품팔이하는 노동자들이며 시장에서 장사하는 아 저씨들이 곱창에 소주 한잔하러 찾아든다.

단속과의 싸움, 곱창구이 포장마차

황학동 곱창 골목 주변에는 업소용 주방용품이나 중고 주방용품을 파는 크고 작은 가게며 영세 공업사인 일명 마치코바町工場(시내에 있는 작은 공장)들이 많다. 황학동시장이 이제 황학동 주방용품시장으로 탈바꿈했다고 해도 과언이 아니다.

황학동 곱창 골목에서 신당동 중앙시장 후문 방향으로 걸어 올라가다 보면 오른쪽에 좁다란 골목길이 나온다. 바로 영주상가(영주시장) 길이다. 이 시장 골목을 빠져나오면 중앙시장 후문이 접해 있는 뒷길이 나온다. 주방용품을 파는 업소가 하루의 장사를 끝내는 저녁 6시쯤이 되면 도로 양편에 색색의 파라솔을 친 포장마차가 자리를 잡는다. '막줄래', '광주할머니네', '미리네', '조은곱창' 등 각자 이름표를 달고 있는 곱창구이 노점상들이다. 예전보다 그 수가 줄었지만 10여 개 정도가 영업을 하고 있다. 이곳도 황학동 곱창 골목의 연장선에 있는 곱창 거리라 할 수 있다.

이곳에서 30년 넘게 장사를 해 온 '광주할머니네' 포장마차로 들어갔다. 광주 출신의 이오순 할머니는 팔순을 바라보는 나이다. 40세가 넘어갈 무렵, 먹고살려고 시작한 일이 포장마차라고 한다. 오늘도 할머니는 연탄불 위에 두툼하고 허연 막창을 올려 초벌구이를 하고 있다. 연탄불 맛이 스며든 곱창은 향과 맛이 더 좋다. "연탄으로 구워야 맛있지. 이렇게 초벌구이를 해야 나중에 빨리 구워 먹을 수 있어." 막창을 골고루 돌려 가며 굽는 할머니의 손동작에는 여유가 있다.

곱창구이는 얼마나 신선한 재료를 받느냐에 따라 그 맛이 달라진다. 이곳 포장마차는 대부분 아침에 마장동 축산도매시장에서 배달해 주는 신선한 돼지곱창을 받아 손질한 후 저녁에 영업을 한다. 할머니도 마찬가지다.

할머니는 해가 질 무렵인 저녁 6~7시쯤에 혼자 리어카를 끌고 나와 텐트를 치고 손질한 곱창을 굽는다. 손님 있을 때까지 하는데, 대개 새벽 2~3시에 끝난다. "이걸로 먹고살았지. 여기서 장사하던 사람들이 점포 얻어 왕십리 쪽으로 많이 갔어."

사실, 이것은 불법영업이다. 그러니 단속이 뜨거나 하면 영업을 할 수 없다. 1992년에 환경미화 차원에서 포장마차 철거 사업이 대대적으로 이루어졌다. 포장마차촌 주인들이 단결해 구청 등에 영업허가를 요구하는 단체행동을 했지만 성공하지 못했고, 점포 얻을 여력이 되는 사람들은 황학 사거리 부근에 점포를 얻어 영업을 하게 된다. 할머니는 아직까지 이곳을 떠나지 못하고 있다. 계속 영업허가 시위를 하고 있지만 이해관계가 얽혀 있으니 쉬 되지 못할 것이다. 선거철이면 단속이 덜해 장사할 만하다는 할머니가 묵묵히 곱창을 굽는다.

이곳 곱창 포장마차촌의 메뉴는 황학동 곱창 골목과 달리 '구이' 밖에 없다. 특별히 양념하지 않고 소금, 후추 등만 뿌린 '막창구이' 와 고추장양념을 해 굽는 '양념구이'가 있다. 야채볶음이 없는 것이 황학동 곱창 골목과의 차이다. 황학동 곱창 골목은 원래 볶음을 하다 나중에 막창구이를 하기 시작한다. 황학동 곱창구이 포장마차의 영향이 아닌지 추측해 본다.

할머니가 노릇노릇 구운 곱창을 가위로 잘라 탁자 위 불판에 올려 준다. 배추, 마늘, 고추, 양파 등의 채소가 함께 나온다. 곱창을 씹을수록 고소한 맛이 돈다. 시간이 흐르자 손님들이 하나둘 포장마차 비닐 문을 빼꼼히 열고 들어선다. 이곳을 스쳐 갔던 손님들도 황학동 곱창 골목의 손님들과 그리 다르지 않다. 주변 공장의 남녀 노동자, 시장 사람들이 많이 왔다.

"30년 전에 황학동에서 기술을 배웠지요. 그때 돈도 별로 없어서 동료들과 어울려 자주 왔던 곳이 여기였어요. 적은 돈으로 배도 불리고 소주 한잔할 수 있으니, 제격이었지요." '광주할머니네' 단골손님이라고 밝힌 50대 초반 아저씨의 말이다. 젊은 커플도 보이지만, 아직도 이곳은 팍팍한 삶을 사는 서민들이 모여들어 하루의 스트레스를 푸는 곳이다. 지글지글 곱창 굽는 냄새가 진동할수록, 뿌연 연기가 자욱할수록, 포장마차에 모인 사람들의 이야기가 무르익어 간다.

양념구이라 부르는 음식이다.
데쳤다가 양념을 하여 불판에 올려 낸다.
지글지글 굽는 냄새가 소주를 당기게 한다.

개발에 밀려난 추억의 맛을 찾아

신당동 중앙시장 뒷길에서 내려가다 보면 도로가에 수령 160년이 넘었다는 커다란 회화나무가 서 있다. 보호수로 지정된 이 나무를 사람들은 그냥 '큰 나무'라고 부른다. 황학 사거리는 왕십리가 시작되는 언저리다. 1992년 황학동에서 포장마차를 놓고 곱창을 팔던 사람들이 단속 등으로 장사하기 힘들어지면서 이곳에 점포를 얻어 곱창을 내기 시작했다. 하나둘 곱창집이 생겨나면서 곱창 골목이 만들어지고 '왕십리 곱창'이라는 이름으로 명성을 얻게 되었다. 그 많던 왕십리의 곱창집들은 왕십리 뉴타운 개발 때문에 어디론가 다 흩어져 버렸다. 지금은 황학 사거리에 '(신)왕십리곱창', '원조미옥이네곱창' 두 곳만이 머리를 맞대고 나란히 영업을 하고 있다. 이곳에서 사람들은 흔적 없이 사라진 왕십리 곱창 골목의 추억과 향수를 먹고 간다.

황학동 곱창 골목, 황학동 곱창구이 포장마차, 황학 사거리 왕십리 곱창은 형제와 같은 관계이다. 비슷한 듯하나 서로 다른 분위기로, 오늘도 '곱창' 하나로 사람들을 불러들이고 있다.

왕십리에는 곱창 포장마차가 많다.
포장마차 위로 '공장직영 수정유니폼' 간판이 보인다.
간판에 불이 들어와 있으니 이 시간에도 미싱은 돌 것이다.